広島大水害と御嶽山噴火に

天意はあるか

RYUHO OKAWA
大川隆法

まえがき

まことに不思議な本だと思う。以前、社会党委員長村山氏が首相だった時に、阪神・淡路大震災（一九九五年）が起き、あわてて遅ればせながら、村山首相らが伊勢神宮に参拝したことがあった。二〇一一年三月十一日の東日本大震災も民主党の菅政権の時で、菅氏もヘリコプターで現地に向かうが、首都壊滅の恐怖におびえたらしい。ここまでは、左翼政権が国を奪うと大震災がやってくるという法則が感じとれた。

では、二〇一四年八月二十日の広島大水害と、九月二十七日の御嶽山《おんたけさん》噴火（戦後最悪の火山災害、現時点で死者四十七人）は、安倍政権への神の怒りなのか。それとも、自虐史観をめぐっての、中韓米の歴史認識争いが関係あるのか。あるいは邪悪なるものが、日本の自立を邪魔しようとしているのか。
宗教家としては実に興味津々《きょうみしんしん》である。答えはまず本書を読んで頂くことだ。

二〇一四年　十月二日

幸福《こうふく》の科学《かがく》グループ創始者兼総裁《そうししゃけんそうさい》　大川隆法《おおかわりゅうほう》

広島大水害と御嶽山噴火に天意はあるか　目次

第1章　広島大水害の霊的《れいてき》真実に迫《せま》る

二〇一四年十月一日　収録
東京都・幸福の科学総合本部にて

第2章　御嶽山《おんたけさん》噴火の霊的真実に迫る

二〇一四年十月一日　収録
東京都・幸福の科学総合本部にて

「霊言現象《れいげん》」とは、あの世の霊存在の言葉を語り下ろす現象のことをいう。これは高度な悟《さと》りを開いた者に特有のものであり、「霊媒現象《れいばい》」（トランス状態になって意識を失い、霊が一方的にしゃべる現象）とは異なる。外国人霊の霊言の場合には、霊言現象を行う者の言語中枢《ちゅうすう》から、必要な言葉を選び出し、日本語で語ることも可能である。

なお、「霊言」は、あくまでも霊人の意見であり、幸福の科学グループとしての見解と矛盾《むじゅん》する内容を含《ふく》む場合がある点、付記しておきたい。

第1章　広島大水害の霊的《れいてき》真実に迫《せま》る

二〇一四年十月一日　収録

東京都・幸福の科学総合本部にて

質問者　※質問順

斎藤哲秀《さいとうてっしゅう》（幸福の科学編集系統括《とうかつ》担当専務理事）

天雲菜穂《てんくもなお》（幸福の科学第一編集局長）

綾織次郎《あやおりじろう》（幸福の科学上級理事　兼《けん》「ザ・リバティ」編集長）

［役職は収録時点のもの］

1　今年日本で起きた「二つの大きな災害」の霊的《れいてき》真相を探《さぐ》る

「水害」や「火山噴火《ふんか》」などの災害に見舞《みま》われている日本

大川隆法　今日は、（収録テーマについて）たくさんのインスピレーションが降《お》りてきて、どうしようか困ったのですが、最後に降りてきたものを選びました。

例えば、世界的には、イラク付近の戦争もありますし、ウクライナの戦争もあります。あるいは、アフリカではエボラ出血熱も出ていますし、日本では規模は小さいけれども、デング熱などがありました。

また、台風や洪水《こうずい》など災害系もけっこう多いように、みな何となく感じているのではないでしょうか。

今年は、「ノアの方舟《はこぶね》」の映画（「ノア 約束の舟」）などがあって、大洪水の雰囲気《ふんいき》がありましたし、「ポンペイ」という映画では、火山の噴火《ふんか》が描かれました。さらには、「イントゥ・ザ・ストーム」という映画では、竜巻《たつまき》に巻き込《こ》まれるような話がありましたが、そのあとぐらいに日本でも竜巻が起きたりして、珍《めずら》しい感じはあったのです。

やはり、「この世に起きることには、すべて意味がある」という観点から見て、何らかの原因があって結果があると考えれば、何か原因があるかもしれません。

あるいは、自然科学では、「勝手に自然が起こしていることだ」というように、その範囲《はんい》内だけで因果《いんが》の理法《りほう》（原因・結果の法則）を完結して考えるかもしれません。ただ、その奥《おく》に、天上界《てんじょうかい》か地獄《じごく》界かは分からないものの、人間の営《いとな》みに対する何らかの影響《えいきょう》があるかどうかということは、気になるところではあります。

おそらく、ノアの洪水のときも、ポンペイの噴火のときも、当時の人たちは、「これは、何らかの天意、神意《しんい》が表れた」と考えていたと思われるのです。

なお、政治に関しては、最近、私は発言を控《ひか》えてはいるのですが、何か代弁しているものがあるのかどうか、調べてみたいと思います。

内容によっては、極《きわ》めて具合の悪いものが出てくる可能性もないわけではありません。やや分からないのですが、どのような扱《あつか》いをするかは終わってから考えたいと思います。主体と目的がはっきりとしすぎた場合、「そういうことをしていいのか」という感じで、逆にこちらに返ってきたりすることがあるといけないとも思います。

ちなみに、「フィリピンの台風（ハイエン）」のときも、霊査《れいさ》をしましたが、何となく私も関係があるように読めなくもない感じではあったので、よかったのか悪かったのか、分からないところがありました（『フィリピン巨大《きょだい》台風の霊的《れいてき》真相を探《さぐ》る』〔幸福の科学出版刊〕参照）。経典《きょうてん》も、すぐに英訳して出したりしましたが、少し〝危険〟なものを感じないわけでもなかったのです（笑）。

今回は、記憶《きおく》に新しいところで、広島の大水害があり、さらに、四日ほど前に御嶽《おんたけ》山《さん》の噴火があったので、このへんに何か絡《から》んでいるかどうかを調べてみます。

広島のほうは、夏の終戦記念日前後であり、戦争と平和に関することや、あるいは、中国・韓国《かんこく》あたりと靖国《やすくに》などの関連があるかどうか、というようなことが少し気になったところではあります。やはり、広島はそういうものと関係があるわけです。

ちなみに、某《ぼう》週刊誌に出た記事には、おそらく自然災害のレベルで見ているのでしょうけれども、「広島の土石流《どせきりゅう》で亡《な》くなったのは七十四人であるが、ここの地名は、業者が区画整理して再開発するために変えたもので、もともとは、『八木蛇落地悪谷《やぎじゃらくじあしだに》』という地名だった。つまり、何か〝八岐大蛇《やまたのおろち》〟風に来るということであれば、これは、土石流が起きるところだということを、その地名が表していた可能性がある。それならば、アパートを建てても人は住まなかっただろう。地名を変えられたから、分からずに人が入って被害《ひがい》が起きたのだ」と書いてありました。実は、辛坊治郎《しんぼうじろう》さんが、あまりよろしくない某雑誌に、そのようなことを書いていたわけですが、その程度の人《じん》為《い》的な問題なのか、もう少し何かがあるのか、気になるところではあります。

また、御嶽山のほうは、まだ現在進行中ですけれども、何か予兆のような気がしてしかたがないので、原因があるなら探りたいと思っています。

広島で起きた土石流《どせきりゅう》の被害《ひがい》の実態

大川隆法　（質問者に）そちらから話したい方は、どうぞ。

斎藤　はい。本日、二つのテーマを頂きましたが、初めに広島大水害の概要《がいよう》につきまして、説明させていただきます。

（モニター画面を指して）こちらに当時の報道の記事が出ています（次頁参照）。では、天雲さん、説明をお願いします。

天雲　はい。八月二十日の未明に……。

大川隆法　八月二十日か。

天雲　ええ、そのときに稲光《いなびかり》がして、午前三時二十分から四十分にかけ、局地的な短時間大雨が降ったようです。私自身も、夜になって、広島の方《かた》に聞きましたら、「本当に大変なことになっているということで、電話で連絡《れんらく》を取り合っている」と言っていました。

　これは、新聞記事ですが、土砂崩《どしゃくず》れが起きたところです（下図参照）。

　先ほど、大川総裁からもありましたように、この八木三丁目のもとの地名が、「八木蛇落地悪谷」だったそうで、そのことについて、当時のことを振《ふ》り返りながら、

広島土砂崩れ 18人死亡

13人不明 崩落10か所

住宅街 未明に豪雨

1時間

表層崩壊の可能性

土砂崩れが起きた当日の報道記事（読売新聞 2014 年 8 月 20 日付夕刊）

現地の人のインタビューなどもありました。

斎藤　ちなみに、役所のほうは、この「八木蛇落地悪谷」という地名について、やや否定ぎみなところがありまして、「伝承《でんしょう》の地名だ」という説であるようです。

大川隆法　ああ、そうですか。

天雲　場所は、安佐《あさ》北区可部《かべ》、安佐南区の八木と山本、緑井《みどりい》というところです（次頁参照）。その住宅地の背後の山が崩れて土石流が発生し、根谷川《ねのたにがわ》が氾濫《はんらん》して、大変な事態になったようです。

斎藤　死者七十四名、重傷者八名、軽傷者三十六名の大きい被害《ひがい》となりました。

大川隆法　大雨は、四国や和歌山など、いろいろなところでも降ったのですが、ここは被害も大きかったですし、時期が八月二十日と言いましたか？

天雲　はい。二十日です。

大川隆法　それは、ちょうど終戦記念日のあとあたりなので、終戦記念日前後の何かに対する反作用や反応のような感じに見えなくもありません。

　やはり、広島は原爆《げんばく》も落とされたし、造船の地であって戦艦《せんかん》「大和《やまと》」等がつくられ、

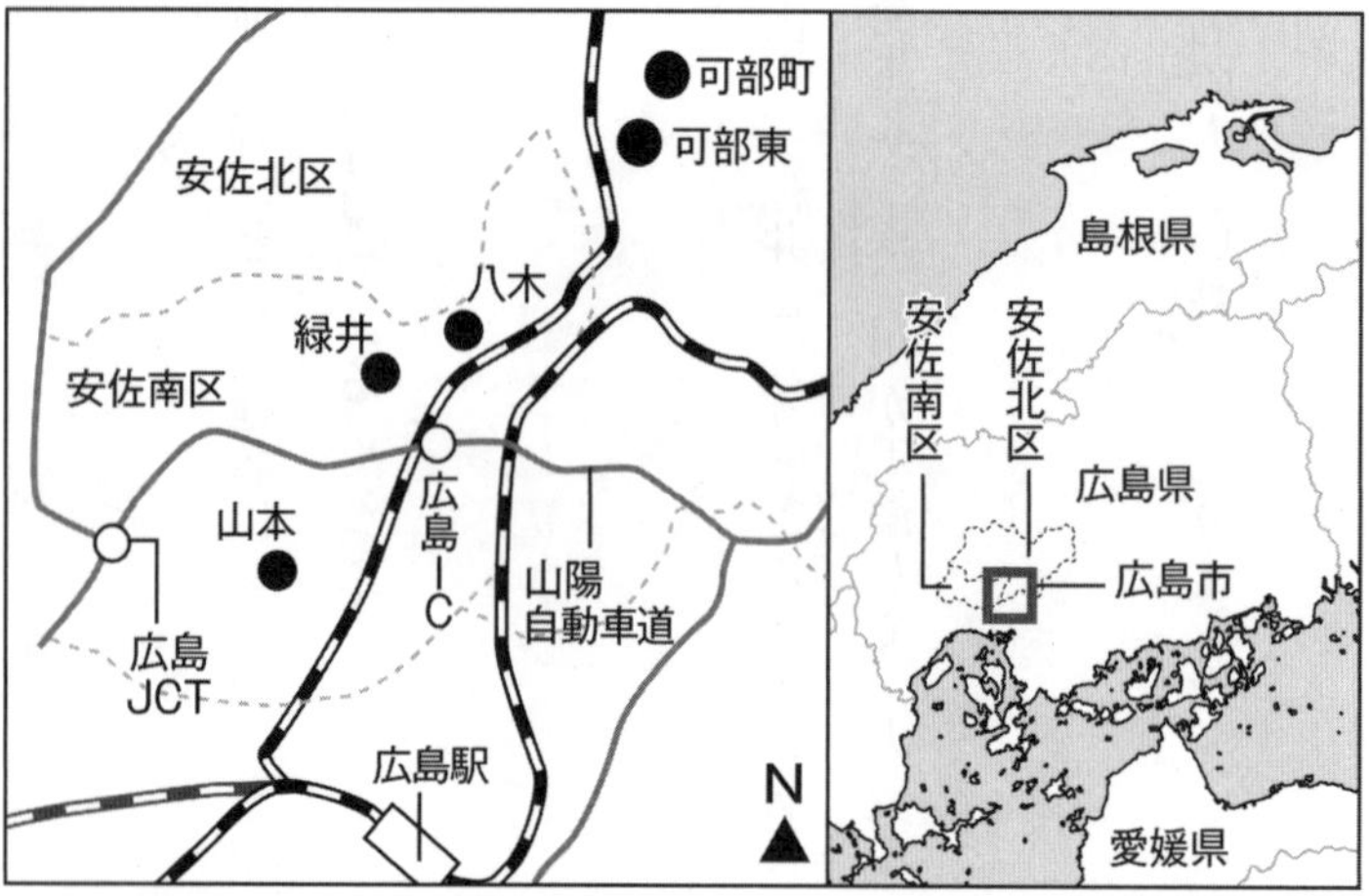

土砂災害が発生した広島県の安佐南区、安佐北区は、広島市の中心部から10キロほど北上した地域。南北10数キロにわたり、山麓付近の住宅地を直撃した。

開戦したころには、いた辺りでもあります。戦争絡みの、いろいろな怨念《おんねん》があるところではあろうと思うので、そのへんに関係があるかどうかですね。

天雲　この二日後に、土砂崩れが百七十カ所あって……。

大川隆法　百七十カ所？

天雲　はい。土石流出《どせきりゅうしゅつ》は五十カ所ぐらいで確認されたと伺《うかが》っています。かなりの被害が出ております。この辺りが山の様子です

大規模な土砂崩れが起きた安佐南区八木付近。（時事 2014 年 8 月 20 日付）

（前頁写真）。

大川隆法　なるほど。蛇《へび》のようにダーッと来る感じです。確かに、伝承は伝承で、本当にそういうことがあったのかもしれません。この感じでは、アパートのようなものも、やられているのですか。やはり、やられるわけですね。

斎藤　土で埋《う》まってしまい、倒壊《とうかい》しています。

大川隆法　なるほど、なるほど。うーん。

天雲　こんな写真もあります（左頁参照）。

大川隆法　大きな石だ。すごいですね。岩ですか、これは。

天雲　岩盤《がんばん》でしょうか。

大川隆法　このようなものが流れるのですか。

天雲　家の壁《かべ》のようなものかもしれません。

大川隆法　ものすごい力ですね。これは何トンもあるでしょう。持ち上げられないと思います。信じられない力ですね。

天雲　気象庁は、平成二十六年七月三十日から八月二十六日の期間を「平成二十六年八月

広島土砂崩れ 39人死亡
7人不明、豪雨1時間

19日深夜から20日未明にかけ、広島市を中心に局地的な豪雨となり、広島市の安佐南区、安佐北区で土砂崩れや土石流が発生、多数の住宅がのみ込まれるなどした。広島県警によると、39人が死亡し、7人が行方不明となっている。安倍晋三首相は急遽、ゴルフを切り上げて関係省庁に救命・救助に全力で取り組むよう指示を出す一方、自衛隊、警察、消防も応援部隊を現地に派遣した。

被害が大きかったのは安佐南区の八木、緑井、山本、安佐北区可部の各地区。八木地区を視察した国土交通省国土技術政策総合研究所によると、土石流は幅50メートル以上にもなり、スピードを維持したまま急斜面を駆け下りたという。

日本海にある前線に暖かく湿った空気が流れ込んで大気が不安定になり、安佐北区では20日午前1時半から3時間の降雨量が観測史上最大の217・5ミリを記録した。1時間で最大120ミリの猛烈な雨が降ったとみられる。

県警が死亡を確認したの

土砂に埋まった家屋。そばには、山から押し流されてきた巨大な石が転がっていた＝20日午後4時51分、広島市安佐南区（中村雅和撮影）

山から押し流されてきた巨大な岩石。（産経新聞2014年8月21日付）

豪雨」と命名したようです。今年は、台風もノロノロとして非常に進行速度が遅《おそ》かったですし、東京でもゲリラ豪雨が七月から降り、気象状況《じょうきょう》も異常であったと思います。

大川隆法　一九九九年ごろにも、一回、集中豪雨があったようですね。「八木蛇落地悪谷」ですか。すごい名前ですね。確かに、これはあまり住みたくはない名前です（笑）。やはり、「悪い」ということでしょうか。

広島の大水害について、天意、神意《しんい》を問う

大川隆法　では、どうしましょう。〝公募《こうぼ》〟をかけてみましょうか。「関係があると思う方」、「いちばん関係が深いと思う方」に出てきてもらうしかないですね。何が来るかは分かりません。「自称《じしょう》」なので、本当かどうかは分からないですし、まだ調べてもいません。

とにかく、〝上〟からテーマだけが降ってきたのですが、何かはあるのだろうと思

います。

まず、こちらの広島のほうから行きましょう。ちょうど八月で、戦後体制の見直しについて、せめぎ合っているところです。亡くなった方が英霊《えいれい》なのか、犯罪人なのか、押《お》したり引いたりしていますが、安倍《あべ》政権も十分に動かなかったところでもあります。それが関係あるのか、まったく関係ないのか、何かつながっているのか、このあたりの霊界《れいかい》事情について調べてみたいと思います。

何が来るかは知りませんけれども、内容によっては、事後に編集作業等で伏《ふ》せ字となり、××××、○○○○等が出る場合もあります（笑）。ただ、ここでは正直に原因探究をしてみたいと考えます。

それでは、八月に広島で起きた、七十四人の人命を奪《うば》った土石流について、何らかの天意があって起きたのかどうか。天上界、あるいは、地獄界、すべての実在世界における天意、神意《しんい》を問いたいと思います。

八月に、広島の地において、土石流災害等により、多くの人命が失われましたが、八月という「月」と、広島という「地域」に、少し関連性があるような気がしてなりません。

この災害に、何らかの天意を込めたり、神意を込めたり、怒《いか》りを込めたり、あるいは、人間に対して警告をしたかったり、そのような意図をもってご計画なされた方や関連のある方がおられましたら、どうか、幸福の科学総合本部にお出《い》でくださって、現象界で起きた事態が、いったい何を意味していたのか、お伝えくだされば幸いです。

八月の広島の大水害において、その天意を表したる者よ。

どうか、幸福の科学総合本部に降りたまいて、その神意を明らかにしたまえ。

（約四十秒間の沈黙《ちんもく》）

2 広島大水害には意外な霊《れい》存在が関わっていた

地球の神を名乗り、「日本を叩《たた》き潰《つぶ》した」と語る霊人《れいじん》が登場

広島大水害に関わった霊人（以下、「霊人Ａ」と表記）　うーん。

綾織　こんにちは。

霊人Ａ　ナッハッハッハッハッハッハッハッハ。ハッハッハッハッハッハッハッハッハッ。

綾織　本日は、広島大水害を起こしたであろうということで、関係者の方にお出《い》でを願っています。広島の水害に、何らかの影響《えいきょう》を及《およ》ぼされた方でいらっしゃいますか。

霊人Ａ　うーん。アッハッハッハッハッハッハッ。

綾織　もともと、広島にご縁《えん》のある方なんでしょうか？　それとも、その地域の神様なのでしょうか？　あるいは、もっと広く日本に対して何かメッセージを投げかけられるような方でいらっしゃいますでしょうか。

霊人Ａ　うーん。広島は、ジャパンの「悪の本拠地《ほんきょち》」だ。

綾織　英語が登場したのですが、日本の方ではないのですか？　それとも、日本の方でいらっしゃいますか？

霊人Ａ　はあ。日本の方？　日本を攻撃《こうげき》した方？　何？　日本の方？

綾織　日本の霊的《れいてき》な存在、神様でいらっしゃるのか、あるいは……。

霊人Ａ　地球、地球じゃ。地球の神だ。

綾織　ああ、そうですか。では、なぜ今回、広島に注目されたのですか？

霊人Ａ　だから、日本がけしからんことにだなあ、ぎんこ……、げん……、ああ、日本語は難しいなあ！　ああ、軍国主義をだなあ、復活しようという怪《あや》しい動きが最近非常に強いので、やっぱり「悪の根城《ねじろ》」を、もう一回、叩《たた》いとかなきゃいかんと思って。ちょっと警告を出しとかないかん。

綾織　それは、安倍《あべ》政権ですとか、一部マスコミも含《ふく》めて、歴史の見直しを進めている点ですか。

霊人Ａ　そうだなあ。この八月に広島で災害を起こすことにおいてだなあ、「神は許しとらんのだ」ということを知らないかんのだな。

だから、おまえらが、軍国主義をもう一回、燃え上がらせてだなあ、自分たちの行《こう》為《い》を正当化しようと、蛆虫《うじむし》のごとき動きをしとることは見えてはおるが、おまえらが何ぼ努力をしようとも、「何度でも叩きのめしてやる」というところを見せてやらないかんと思うでなあ。

綾織　ということは、日本を「何度か叩きのめした方」なんですね？

霊人Ａ　そらあ、大空襲《だいくうしゅう》もしたし、原爆《げんばく》も落としたわなあ。

綾織　ほう。それでは、原爆を落とす計画を進められた方ということなんですか？

霊人Ａ　とにかく、「日本丸焼き作戦」は、わしの責任だな。焦土《しょうど》作戦な。まあ、わしを呪詛《じゅそ》するような、ほんとに悪い宗教が、日本にはいっぱいあってなあ。

綾織　それが、かなり効いたと言われていますね。

霊人Ａ　ああ、ほんとに、わしは終戦まで全《まっと》うできんかったのが悔《くや》しい。もし、最後まで生きとったら、もっと徹底《てってい》的にやっとったんだ。まだあったんだ。まだまだ〝隠《かく》し球〞はあったから、あともうちょっと、わしの寿命《じゅみょう》があったらなあ。

「広島」「長崎《ながさき》」なんていう、こんなのは文明実験の最初であって、いちばん嫌《いや》がるところを中心に、もっともっと攻《せ》めてやりたかったなあ。

綾織　それは、どこでしょうか。

霊人A　京都、奈良《なら》、皇居。

綾織　皇居も？

霊人A　このあたりは逃《に》がすわけにはいかんわなあ。名古屋も逃がすわけにはいかん。このあたりを徹底的にやらないかんし、八幡《やはた》の製鉄所あたりも、一発ドカーンとやっとく必要があった。

なぜ、広島で大水害を起こすことを狙《ねら》ったのか

綾織　普通《ふつう》で行くと、広島は、日本として正しい方向に歴史を見直していくことに対しては、抵抗《ていこう》している部分がある地域ですよね。

霊人A　そんなことは……。ここで軍艦《ぐんかん》をたくさんつくったんだ。

綾織　昔の広島は、もちろん、軍艦をつくっていましたけれども。

霊人A　軍艦をつくったんだろう、ここで。ええ?

綾織　はい。

霊人A　ここでつくった軍艦でだなあ、大被害《だいひがい》が出たんやからな。まあ、長崎もあるけど、長崎は当然だけど、ここも……。長崎は、雲仙普賢岳《うんぜんふげんだけ》のときにやったから、あ

ちらのほうはいいんだ、一回終わってるから（注。雲仙普賢岳は、一九九一年の噴火《ふんか》の際、発生した火砕流《かさいりゅう》や土石流などにより、地域の住民に大きな被害をもたらした）。

綾織　ただ、広島の方々の多くは、どちらかというと、「原爆を落とされたのは、日本のせいだった。ごめんなさい」というスタンスに立っているので……。

霊人A　ああ、それは、〝正しく帰依《きえ》してる〟なあ。あとは、クリスチャンに帰依してないところが、もう一つ足りないなあ。もうちょっと、クリスチャンに帰依したら……。

綾織　「そうした方々が多い地域で水害を起こした」というのであれば、やや的外《まとはず》れのような気もするのですけれども。

霊人A　そうかなあ。やっぱり、怯《おび》えてた人が元気になる前に、もう一回怯えるのがいいんじゃないの？

綾織　うん？　怯えていた？

霊人A　うーん。だから、「軍国主義になったら、また狙《ねら》われるかもしらん」と思うところだなあ。

綾織　ああ。はい、はい、はい。

山本五十六《やまもといそろく》の〝復活〟が意味するものとは

霊人A　あとは、山本五十六《やまもといそろく》（連合艦隊司令長官）が、そろそろ〝目覚《めざ》めて〟きて、なんか……。

綾織　ほう。そうですか。

霊人A　うん、目覚めてきそうな感じになっとるので、ちょっと、もう一回、沈《しず》めてやらないといかんからなあ。罪の深さをやはり知ってもらわないと……。

綾織　山本五十六氏は、死後、「地獄《じごく》に行っていた」というように言われていますけれども……（『マッカーサー 戦後65年目の証言』〔幸福の科学出版刊〕参照）。

霊人A　まあ、地獄に行ってたわけじゃないけど、意識が止まっとったのを、おまえらが起こしたんだろう?

綾織　あっ、止まっていた。迷っていましたね。

霊人A　おまえらが起こしたんだろう?　眠《ねむ》ってたのを起こしたんだろう?

綾織　はい、そうですね。霊言《れいげん》の収録をいたしました（前掲書《ぜんけいしょ》）。

霊人A　だからな、あいつの復活と、〝戦艦大和《やまと》の復活〟は一緒《いっしょ》に来るからなあ。

綾織　ほう。

斎藤　〝大和の復活〟とは、どういうことでしょう。

霊人Ａ　〝大和の復活〟とは、「日本軍国主義の復活」だろうが。

斎藤　その象徴《しょうちょう》として、〝大和が復活する〟と。

霊人Ａ　うーん。

日本を執拗《しつよう》に叩《たた》こうとする理由

斎藤　先ほど、「広島で原爆を計画し、長崎で原爆を計画した」とおっしゃいましたけれども、執拗《しつよう》に、そこまで日本を叩《たた》こうとするというのは、どのような心と意図を持っておられるのですか。

霊人Ａ　うーん。やっぱり悪い国だからなあ。

斎藤　「悪い国だから、滅《ほろ》ぼさなきゃいけない」ということですか。

霊人Ａ　だから、戦後の反省は正しいので、もう、百年も千年も二千年もやってほしい、そのまま。

斎藤　「千年も二千年も反省し続けろ」と。つまり、「日本が悪い国であった」ということを伝えたいのですか。

霊人Ａ　わしらはねえ、土地は奪《うば》ったけども、インディアンに対して謝罪する気はまったくないからね。だから、君らに対しても、謝罪する気はまったくない。

斎藤　つまり、日本を侵略《しんりゃく》して属国にしたいのですか。

霊人A　「属国にしたい」っていうか、まあ、〝インディアンの酋長《しゅうちょう》〟が治めてる国だからな、ここは。

斎藤　「日本は、インディアンの酋長が治めている国である」と認識されているのですか。

霊人A　そう、そう、そう。インディアンの酋長が、神様を名乗っとったのを、まあ、人間宣言させてやったり……。〝人間以下宣言〟でもよかったんだ。

斎藤　〝人間以下宣言〟ですか。

霊人A　うん。人間宣言で止《と》めてやっただけでも「ありがたい」と思え。

斎藤　なぜ、そのように、そこまで思えるのですか。

霊人Ａ　やっぱり、それはねえ、文明から遅《おく》れた民族っていうのは、本来、滅ぼされなきゃいかんのであって、まあ、「生きとるだけでもありがたい」と思わなきゃ。世界のなかの片隅《かたすみ》で、生きてるだけでもありがたい。日本という、この世界のなかの、ちっちゃな、ちっちゃな〝居留区《きょりゅうく》〟かな。まあ、〝ゲットー〟（強制居住区域）だな。もう、「〝ゲットー・ジャパン〟でなあ、住まわしていただいてるだけでありがたい」と思うて、世界に迷惑《めいわく》をかけんように、おとなしく、呼吸も穏《おだ》やかに、音を立てんように呼吸をして、音を立てんように水を飲んで、音を立てんようにラーメンを食べて、生きていきゃあいいんだ。

斎藤　日本を「下等な民族」というように見ておられるのですか。

霊人Ａ　そりゃ、そうだよ。

斎藤　「あなた様は、進化している民族である」と。

霊人Ａ　当然だろう。

斎藤　では、どのような民族なのですか、進化した民族というのは。

霊人Ａ　それは、まあ、いつの時代も、「世界最高」だなあ。

幸福の科学のアメリカ伝道は気に食わない

綾織　そのへんの、あなたのお考えについては、これまで、霊言の収録で聞かされているところがありますので、今、活動されている内容、行動されている内容を、少し教えていただけますか。

霊人Ａ　だから、日本がな、今、ちょっと生意気になってきたからね。〝インディアン居留区〟は、〝インディアン居留区〟で、おとなしくしとりゃいいけど、そこから出てなあ、〝インディアン居留区〟から出てきて、ニューヨークで〝弓矢〟を放ち始めたら、それは許さんよ。

綾織　いや、別にニューヨークに弓矢を放っているわけではありませんので（苦笑）。

霊人Ａ　もう、馬に乗った警官が飛んできてだなあ、それは、やっぱり、警棒で頭を殴《なぐ》るわな（警棒《けいぼう》で殴る仕草をする）。当たり前のことだよ。

綾織　いやいや。アメリカに対して、別に、何かをやっているわけではありませんので（苦笑）……。

霊人Ａ　ああ？　やり始めとる。あれは、やり始めとる。

綾織　何をやろうとしていると思いますか。

霊人Ａ　いやあ、だから、「日本のほうが偉《えら》い」みたいなことを、ちょっと言い始めとるだろうが。うん?

綾織　やはり、それぞれ、立派な国だと思いますね。

霊人Ａ　アメリカに、おまえらの宗教の支部なんかを出して、偉そうに伝道するんでないわ。(以前、幸福の科学の北米本部長としてニューヨークに滞在《たいざい》していた、聴聞《ちょうもん》席《せき》の幸福の科学学園理事長・木村智重《きむらともしげ》を指差しながら)あのへんあたりが、〝犯罪人〟〝重罪人〟になる。

綾織　おお。そこが犯罪人ですか。

霊人Ａ　(同じ聴聞者を指差しながら)だから、罪によって、原爆の雨に打たれて、髪《かみ》の毛が抜《ぬ》けとるの。見ろ。「祟《たた》り」っていうのは怖《こわ》いぞ、「神の祟り」っていうのは。

綾織　ほう。

霊人A　最近、ここの、何だ？　ここ、何だ、この、うーん……。

綾織　幸福の科学？

霊人A　〝オンターレ〟じゃないわ、〝何とかターレ〟っていう……。

綾織　「エル・カンターレ」です。

霊人A　〝酋長のご祭神《さいじん》〟がいるんだろう？　ここのな。

綾織　まあ、酋長ではありませんけれども。

霊人A　ああ、〝酋長のご祭神〟の息子《むすこ》がアメリカに行って、偉そうに、なんか、説《せっ》法《ぽう》していったみたいじゃないか。ああ？　「ヤンキー・スタジアムを乗っ取れ」みたいなことを、なんか言うたらしいっていうんで、あんまり、いかんなあ（注。二〇一四年九月二十一日、大川隆法の三男・裕太《ゆうた》は、ニューヨーク支部精舎《しょうじゃ》において、“Go《ゴー》 Beyond《ビヨンド》 the《ザ》 Limit《リミット》”「限界を超《こ》えて」と題する説法を行った）。もう、おまえらは、どうもいかんわ。反骨心《はんこつしん》が強すぎるわ。もうちょっと、牙《きば》を抜いて、おとなしくさせないといかんなあ。

綾織　いや、いや、いや。これは、アメリカが、もう一度、復活するためでもあるんですよ。

霊人Ａ　アメリカを復活させるんじゃなくて、「アメリカを沈めよう」と思っとるだろうが。

綾織　いえいえ、とんでもございません。

霊人Ａ　嘘《うそ》つけ。この前、おまえ、テニスのプレーヤーがアメリカをもうちょっとで

〝乗っ取ろう〟として、もうちょっとのとこで止めた、食い止めたんだけども、生意気なんだよ、だいたい（注。二〇一四年九月八日〔日本時間九日〕、ニューヨークにおいて、テニスの全米オープンの最終日があり、錦織圭《にしこりけい》選手が、男女を通じて日本選手で初めて四大大会のシングルス決勝に進んだ）。

綾織　それは、いいじゃないですか。

霊人Ａ　おまえら、二軍なんだから、しょせん。二軍以上に行っちゃいけないんだ。ジャパンオープンだけで頑張《がんば》っとれ。それはいいわ。それは許してやる。

先の戦争を「正しく見よう」とするのは悪いこと？

綾織　では、わざわざ、「日本の広島にまで〝出張〟していらっしゃる」ということは……。

霊人Ａ　日本なんか属国じゃないんだ。属国以下なんだからさ。植民地より「下」なんだからさ。ああ？　君らはね、悪いことをたくさんしたからね。「アイリス・チャンの霊言」から始まって、最近、悪いことをたくさんしてだね、最終的な犯人は、おまえ、誰《だれ》にしようと思ってるんだ（注。二〇一四年六月十二日、『ザ・レイプ・オブ・南京《ナンキン》』の著者である、アイリス・チャンの霊言を収録し、翌日に発刊した。『天に誓《ちか》って「南京大虐殺《だいぎゃくさつ》」はあったのか』（幸福の科学出版刊）参照）。

綾織　ああ、なるほど。それは、「誰にしよう」ということではなくて、「客観的に見て、誰か」という話だけですよね。

霊人Ａ　最終的な犯人はアイリス・チャンじゃないだろう？　アメリカには、もっと悪いやつがおるんだろう、おまえらの考えによれば。

綾織　いるかもしれません。

『天に誓って「南京大虐殺」はあったのか』（幸福の科学出版）

霊人A　おまえのところの元の新聞、ぶっ潰《つぶ》したるからな、見とれ（注。綾織は、元産経新聞記者）。朝日を潰そうとしてるけど、潰れるのは、おまえのところの会社だからな、元の。

綾織　いやいや。まあ、それはそれで……。

斎藤　綾織氏は、「産経新聞からこちら（幸福の科学）に来た」というだけです。

綾織　はい。今は、関係ありませんので。

霊人A　今は、もう、韓国《かんこく》でも引っ捕《と》らえとるからな。韓国のあれ、リリース（解放）してほしかったら、社長をよこせ、社長をな。社長を〝地下牢《ちかろう》〟に入れたるから。ああ？（注。「産経新聞のウェブサイトに掲載《けいさい》された記事が朴槿恵《パククネ》大統領の名誉《めいよ》を毀《き》損《そん》した」という韓国の市民団体の告発を受け、ソウル中央地検が産経新聞の加藤達也《かとうたつや》ソウル支局長を事情聴取した。加藤支局長は五十日以上出国できない状態が続いてい

る）

綾織　産経新聞は、今、関係ありませんので。

霊人Ａ　いや、ここは悪い新聞社で、ここの幸福の科学とつるんどるからさ。今、地下で、〝地下茎《けい》〟でもつながっとるから。〝反省〟しろよ、きちんと。「産経新聞」は、「反省新聞」に名前を変えろよ、なあ？　ええ？

綾織　そうした、歴史の見直しをやっている、トータルの動きが引き金となっているわけですか。

霊人Ａ　「四正道《よんしょうどう》（幸福の科学の基本教義）」なんて、やるのやめなさい。「愛・知・反省・発展」、嘘だ。「反省」だけ説いとればいいんだ。

綾織　いや、「反省」は大事だと思いますよ。

霊人Ａ　幸福の科学は「日本反省の会」に変えなさい。それが幸福、日本の幸福なんだ。ああ？

綾織　いや、「戦後、先の戦争についての正しい見方がなっていない」という意味での「反省」は必要ですよね。

霊人Ａ　そうなんだ。だから、八月は、君らに対しては、幾《いく》らでも災難を……。今後も、震災《しんさい》、大災害を、もうたくさん……。君らが悪いことをするたびに、なんか災害を、やっぱり見舞《みま》ってやらないといかんと思うとる。

綾織　ああ、なるほど。

「広島」や「長崎《ながさき》」以外にも狙《ねら》っているところがある

綾織　そのほかに、何か関係したものはありますか。いろいろ、災害はありますけれども。

霊人A　とにかくね、ただ、「広島」や「長崎《ながさき》」は絶対許さないけどね。ここは、もう、日本の軍国主義の拠点だけども、あと、狙《ねら》ってるのは、もちろん、日本の大和《やまと》魂《だましい》なるものの根拠地をやっぱり潰さないかんとは思うとるから、まあ、京都、奈良、伊勢神宮《いせじんぐう》のある辺り、それから、皇居な。

綾織　はい。

霊人A　ちょっと、今回は、デング熱が、なんか、代々木《よよぎ》公園で出てしもうたが、皇居であれは出さないといかんもんやった。ちょっと外れた。

綾織　デング熱も、かかわってます?

霊人A　え?　いや、まあ、それは下々《しもじも》のもんではあるけど。

斎藤　下々の者？

霊人A　うん、下々の者であるけど、やっぱり、神が人に、罰《ばち》を与《あた》えるためには、そういう、いろいろなものを放つじゃないですか。なあ？

斎藤　では、あなたは、「そうした天変地異・災害系統を司《つかさど》って、攻撃の材料とする」という立場に立たれている方ということでいいですか？

霊人A　ああ、「人類が間違《まちが》いを犯《おか》したときに、お仕置きをする神」だな。

自然災害は神々の「念力戦《ねんりき》」によって起きる!?

斎藤　それは、やはり、「自分の民族から見て発達していない」と思うと、そこに台風や災害などを投じていくのですか。それを過去から計画されているのですか。

霊人A　うん。まあ、そらあ、お互《たが》いに、わしだけではないからな。逆をやられる場合もあるから。ほかのところから、やられることもある。

斎藤　ということは、圧倒的《あっとう》優位な立場にいるのではなくて、やはり、「拮抗《きっこう》状態」のなかでやっているのですか。

霊人A　うん。ちょっとあるなあ。前なあ、あのころは、ブッシュ……。

斎藤　ジョージ・ブッシュですか?

霊人A　ブッシュが大統領のとき、アメリカも、ちょっと、巨大《きょだい》ハリケーンだとかなあ、水害とか、けっこうやられたでなあ。あれは、イスラムのほうの悪さするやつが仕掛《しか》けたに違いないと思うとる。あっちも、やり返されることもあるからなあ。

斎藤　では、アメリカで台風の大被害があったときも、そうした霊的世界との関係があったということですか。

霊人A　それはそうだよ。地上では地上の「人間の戦い」があるが、地球圏内《けんない》では、自然界も含んで、「神々の戦い」があるわな、当然な。

斎藤　どのように起こすのですか、そういうものは。

霊人A　そらあ、「念力戦《ねんりきせん》」よ。

斎藤　念力戦？　そう思ったら、そうなるのですか。

霊人A　うん。だから、そういう自然災害が起きるのは、偶然《ぐうぜん》起きないで、やっぱり、魂を与えてやらないかんわ。神として魂を与えてやる。

「ここに、こういうふうな土石流の大災害を起こす」というときには、（両手を大きくくねらせながら）〝八つの蛇《へび》〟が流れ落ちるような、そういう生き物のような魂を与えてやるとだなあ、その水も、岩石も、みんな、自分が大蛇《だいじゃ》になったような気持ちになって、ウワアッと襲《おそ》いかかっていくようになる。そういう「アニマ（魂）」が宿るわけよ。

斎藤　進化しているというので、「科学」が発達しているように思ったのですが、わりと、そうした「想念《そうねん》のレベル」で、気象コントロール等をしているのですね。

霊人A　おまえ、バカにするんか。

斎藤　いや、いや、いや、バカにはしていないですけれども。そのように思って……。

霊人A　祟《たた》りはすぐ来るぞ。

斎藤　祟りを起こす？

霊人Ａ　おまえの住んどるところを地震で沈めるぐらい、簡単やからな。

斎藤　場所も特定できるのですか。

霊人Ａ　ええ？　まあ、それは、日本を全部沈めたら終わりだろう。

斎藤　では、過去の歴史から、そうしたことに長く携《たずさ》わっておられる神様ですね。

なぜ、「日本を許せない」のか

霊人Ａ　とにかく、日本は、「わしを呪《のろ》い殺した」っていう原罪があるからなあ。

斎藤　誰がですか。ああ、日本が呪術で、いや、祈禱《きとう》で……。

霊人Ａ　おう。そうそう。特に、高野山《こうやさん》が気に食わんなあ。

斎藤　密教《みっきょう》系の高野山？

霊人Ａ　ああ。高野山が特になあ……。高野山の、あの呪殺《じゅさつ》は、ちょっと堪《こた》えたよ、あれは（注。第二次大戦中、真言密教僧が国家鎮護のために、「敵国調伏《ちょうぶく》」「戦勝祈願」として「大元帥明王法《たいげんみょうおうほう》」という秘法の祈禱《きとう》を行ったとも言われている）。

斎藤　では、祈禱は「効《き》いた」ということですか。

霊人Ａ　うん、効いた。だから、ちょっと許せんのや。

斎藤　あっ、それで、志半《こころざしなか》ばでトルーマンにバトンタッチされたということですか。

霊人Ａ　ああ、トルーマンみたいな気の弱いのがあとになったから、（原爆が）二発で終わったんだよ。わしがおったら、二発では済んでおらん。もっとやった。

斎藤　京都、奈良、伊勢神宮や皇居？

霊人Ａ　うん。残りもやっとるから。

斎藤　狙ってましたか？

霊人Ａ　当然だよ。

斎藤　なるほど。

綾織　これは、やや素朴《そぼく》な疑問なのですけれども、日本にそうした災害を起こすというのは、逆に言うと、日本神道《しんとう》の神々も存在するわけですが、そこでブロックされたりはしないものなのですか。

霊人Ａ　だから、そら、君の〝インディアン居留区〟の神様が、そんな偉そうに言うたらいかんのや。

綾織　いえいえ。

霊人Ａ　だから、君らの〝インディアン居留区〟は、インディアンを護《まも》っとる分には、まあ、そりゃいいよ。

綾織　先の戦争でも、途中《とちゅう》までは互角《ごかく》に戦ってたわけですから。

霊人Ａ　え？　そんなの生意気なんだよ。国力が違うわ、国力が。文化が違うよ、文化が。文明の発達度が違う。君らは〝原始人〟なんだからさあ。
たまにはね、そら、ダビデが小石を投げて、ゴリアテみたいな巨人を倒《たお》すことも、まぐれとしてはあるよ。そら、石が目に当たって、目が潰れたりしたら、もう、巨人だって見えないから、その隙《すき》に刺《さ》されるっていうことはあるけども。
君らはそれを狙ったんだ、間一髪《かんいっぱつ》、なんか、偶然に偶然が重なって、そう思ったんだろうけど……。

綾織　いえ、いえ。最初は、アメリカのほうが完全に負けていましたので……。

霊人Ａ　ハワイで、あんた、三千人、殺したんやからさあ（真珠湾攻撃）。アリゾナ以下、全艦沈んで。あれは、エンパイアステートビルで……。エンパイアステートビルじゃない、間違えた。ワールドトレードセンターで死んだのも三千人ぐらいだろう？

綾織　いえいえ。それは民間人ですから。民間人と軍人とは違います。

霊人Ａ　あれでイラク戦争が起きて、十万人以上、殺されたんだからさあ。それだったら、同じぐらいの人間だからさあ、そらあ……。

綾織　いえ、いえ。戦争が始まってるわけですから。

霊人A　え？　もう一緒ですよ。だから……。

「日本に災害を起こして、復興作業ばかりさせたい」

綾織　今後、何をされようとしていますか。

霊人A　（綾織を指差しながら）だから、おまえが狙ってるのは、わしを地獄の悪魔《あくま》の帝王《ていおう》かなんかにしようとしとるんだろうが。

綾織　いえいえ。それは、客観的な見方を伝えようとしているだけです。

霊人A　ほら、本心、言うてみろ。本心を言え。

綾織　結果的にそうなるかもしれません。それは分かりません。

霊人Ａ　うん、それはねえ、「神様には、祟りの術《じゅつ》もある」っていうか、「力もある」っていうことを認めとらん証拠《しょうこ》であって……。「その、神様の祟りの部分は悪魔の力だ」と思うのは、まだ未発達の民族の考えなんだ。

斎藤　でも、やや謎《なぞ》なのは、先ほど、「拮抗状態でやられるときもある」ということもありましたし、攻防戦があるようにも思われるのですけれども、今回、災害を起こそうとしたときに、相手の防衛するような力などはお感じにならなかったのですか。

霊人Ａ　うーん。だから、まあ、「安倍が、これ以上、元気づかないように」というか、日本のＧＤＰを下げないかんからさあ。そのために、災害を、また発させるのがいちばんええわな。いつも、復興作業ばっかりやっとる。発展には向かわないで、いつも、「マイナスから元に戻《もど》す」っていうことばっかりやる。これが日本の〝あるべき姿〟だな。

綾織　ほう。

霊人Ａ　だから、東北も、まあ、ずいぶん、あれで遅れただろうからさ、東北の震災でも。

斎藤　経済的なダメージを与えるということですか。

霊人Ａ　ああ。だから、東日本でも神戸《こうべ》も、大震災が起きたしなあ。まあ、これをやったら、これでまた復興？

ああ、安倍は、山梨《やまなし》でゴルフ三昧《ざんまい》をやっとるときに、怒《おこ》られて、すっ飛んでいったんだろうがあ。なあ？　今回（広島大水害のとき）も、こういうことがあって、そのあとも、どうせあれなんだろう。

　国連で偉そうに、なんか、へたくそな英語で演説して、帰ってくるや否《いな》や、山（御《おん》嶽山《たけさん》）が噴火したんだろうが。ああ？

　まあ、それは、「わしのせい」とは言わんけども。

今、中国や韓国《かんこく》と連携《れんけい》して、日本を封《ふう》じ込《こ》めようとしている

綾織　東北の地震などには、かかわってはいないんですね？　あなたは地震に関係はないですよね？

霊人A　うーん、まあ、そのへんについては、ちょっと、いちおう、議論の余地がまだあるので、何とも言えんけど、とにかく、「日本の国力を削《そ》ぐ」ということに関しては、私は参謀《さんぼう》役をしておるからな。

天雲　お一人ではないのですか？　先ほど、「われら」とおっしゃいましたけれども。

霊人A　それは〝チーム〟があるに決まってるじゃないか。それは当たり前やないか。

綾織　ほう。あなたが、誰かに意見を具申《ぐしん》している？

霊人A　「具申」っていう言い方は、すごくレベルが低く感じるなあ。

綾織　では、命令ですか？

霊人A　まあ、命令と言やあ、命令でもあるし、いろいろ、今、中国や韓国《かんこく》とも、やや、連携《れんけい》姿勢はあるかな。

綾織　ほう。連携して、何をされますか。

霊人A　やっぱり、〝日本封《ふう》じ込《こ》め作戦〟。

だから、君、あの安倍ごときがだな、生意気に、〝ダイヤモンド何とか〟だとか、〝作戦〟だとか言うて、なんか、なあ？　「チャイナを封じ込めよう」だとか、「あんな巨大な国を、こんなちっぽけな、〝インディアン居留区〟が封じ込める」なんていうのは、もう百年早いんだよ、これなあ。だから、逆に封じ込めてやらないといかんからさあ。だから、何かやろうとしたら、災害を起こして、もう一回、その復旧作業をやるっていう、まあ、そういうことは、させてやらないといかんわなあ。

斎藤　今、「お仲間を支えている云々《うんぬん》」という話がありましたけれども、〝チーム構成〟を少し教えていただきたいのですが……。

霊人Ａ　まあ、そら、韓国とか、あのへんのあたりは、もう、みんな「祟り神の山」だからねえ。正統《せいとう》な神様なんか、ほとんどいないから。

綾織　ほう。

霊人Ａ　祟り神は、たくさん、幾《いく》らでもいるわなあ。やっぱり、被害を受けた霊力《れいりょく》の強い人たちは、みんな祟り神になるからな、普通はな。

斎藤　今、「あなた様のそばにいる」、または、「連絡《れんらく》を取り合っている」「日本を攻撃しようとしている」、そうしたメンバーで、何か、いちばん思い当たる方はいらっしゃいますか。

霊人A　うん、そうだねえ、まあ、最高司令官は、やっぱり、わしかもしらんなあ。

斎藤　では、さらに参謀や、右腕《みぎうで》などは……。

霊人A　うん、まあ、それは、たくさんいるだろう。

斎藤　主《おも》だった方は？

霊人A　やっぱり、日本と戦った者とかは、そらあ、みんな、いちおう味方だからな。

ブッシュ・ジュニア前大統領との縁《えん》とは

斎藤　先ほど、「ジョージ・ブッシュ」の名前が出てきましたけれども、ブッシュ前大統領とは、また、何か、ご縁《えん》があるのですか。

霊人Ａ　うん。まあ……、やばいな、そら、そう、うーん……。

斎藤　いやいや、「やばい」のなら、そのへんを教えていただかないと。せっかくご来臨《らいりん》されたのですから。

霊人Ａ　そう、うーん、まあ、付き合いは、ちょっと古いからな。

斎藤　付き合いが古いのですか。

霊人Ａ　うん、まあな。だから、とにかくだなあ、キリスト教があって、キリスト教の前にユダヤ教があって、ユダヤ教のもとは、威張《いば》っとるエジプトにさんざん祟りをもたらして、なあ、神の祟りをたくさんもたらして、出《しゅつ》エジプトをした。

アメリカも、イギリスから「出エジプト」風にだなあ、逃《のが》れて国を建てた。まあ、そらあ、一緒なわけよ、そういう意味ではなあ。

斎藤　ええ。歴史の構図として。

霊人A　うん、だから、それのためには、そういう罰を与えないといかんからさあ。恐《おそ》れさせなきゃいけないからなあ。そういう、いろいろあるわなあ。まあ、そのへんから、仕事は連綿と続いてはおるからな。

斎藤　「歴史的に、そうした場にいた」ということですか。

霊人A　うん、うーん。

斎藤　それは、「目に見えない世界からの働きかけ」と理解してよいのですか。「どちらかが、地上に降りていた」ということですね。

霊人A　うーん、だから、そういう、ある意味での「元祖《がんそ》・祟り神」ではあるかなあ。

斎藤　「元祖・祟り神」？　ああ、追い出したりするのが得意なのですか。

霊人Ａ　いや、（こっちが）追い出される場合もあるから、まあ、ちょっと、それは何とも……。追い出されたこともあるから、それは何とも言えんが、抵抗として、やっぱりやる場合もあるし、強くなったら、（相手を）目茶苦茶《めちゃくちゃ》やっつけるからな、そらあ。

「自虐《じぎゃく》的な思い」のある地域には災害を起こしやすい

斎藤　話を戻しまして、今回、さまざまに、「天変地異」や「災害の力」を与えるときに、本当にそれに対する妨害《ぼうがい》はなかったのですか。ただ純粋《じゅんすい》に、もう自由自在にやってしまったのですか。それとも、「攻撃を逆に受けた」とか、そうした記憶《きおく》は、まったくないのですか、日本には。

霊人Ａ　いや、広島の上空には、まだ、不成仏霊《ふじょうぶつれい》がたくさんたまっとるでな。まあ、それは……。

斎藤　あっ、そこが隙《すき》になっているのですか、もしかして。

霊人Ａ　いやあ、彼らは、戦後の教育を受けて、みんな、その嘆《なげ》きを受けてだなあ、「われわれは、本当に犯罪者集団で、人殺し集団であって、悪いことをした。二度とこういう過《あやま》ちを犯しませんように」と思うとるからさ。「そら、そのとおりや」と。やっぱり、人間が、増長？　何、自慢《じまん》？

斎藤　いわゆる〝天狗《てんぐ》〟になる？

霊人Ａ　天狗になったときには、罰を与えて、おとなしくさせないといかん、挫《くじ》かないといかんわな、やる気をやっぱり。

斎藤　では、「そのような想念があると、そこは攻撃しやすい」ということですね。

霊人Ａ　うん、まあ、そらあそうや。だから、同通するからね。

斎藤　バリアーに穴が開いているようなものですか。

霊人Ａ　うん、同通するから。だから、わしらの意見が通るもんな。

斎藤　ああ。では、攻撃しようとするところに対しては、相手が、そうした「自罰的」というか、「自虐《じぎゃく》的」な思いを持っていると……。

霊人Ａ　うーん、そう、そう、そう。通りやすい。

斎藤　攻撃しやすいのですか。

霊人Ａ　通りやすい。すごく通るなあ。

斎藤　なるほど。

霊人Ａ　うん。だから、それが反対だったら通りにくいな。

斎藤　ああ、逆に、「信仰《しんこう》が篤《あつ》い」というか、「この国が誇《ほこ》りを持ったり」とか、そうしたところには難しいですか。

霊人Ａ　ああ、それは喧嘩《けんか》になる。喧嘩になるから。

斎藤　あっ、喧嘩になるのですか、そこは。

霊人Ａ　うん。そら、喧嘩になる。

斎藤　ああ、自分たちが、もう非常に、この世的になってしまって……。

霊人Ａ　「日本は邪悪《じゃあく》な国だ」と思うて、〝反省〟しとる人たちは、基本的には、日本の神様を信じてないから。

斎藤　あっ、そこが〝穴〟となって、攻撃しやすくなるのですか。

霊人Ａ　うーん。「日本は悪魔だし、後進国で、滅ぼされるべきインディアンだ。騎《き》兵隊《へいたい》は正しい。インディアンは悪い。自分らの国であっても、取られてもしょうがない」と、まあ、こういうふうに思わせないといかんわなあ。

斎藤　そのような構造、システムになっているんですね。

霊人Ａ　うーん、まあ、うーん。

斎藤　それでは、こちらにも原因があったんですね。

「先の大戦の歴史認識は、断固、変えるわけにはいかない」

天雲　では、「(広島大水害が) 終戦記念日の五日後に起きた」というのは、「狙っていた」ということですね。

霊人A　そらあ、まあ、安倍を封じ込めないといかんからなあ、本当になあ。だいたい、あんなゴルフ三昧《ざんまい》なんかしてて、あれ自体、あんなぼんくらを、あんた、首相に担《かつ》いで、「アメリカと戦おう」とか、「中国と戦おう」とか、もう、ちょっと、千年早いんでないか、本当に。日本人なんか、ゴルフやる必要ないのよお。そんなの、「〝おむすびころりん〟やっとれ」っていうの。

綾織　まあ (苦笑)、スポーツは置いておきまして、今後、「中国と韓国と連携して」という部分は、歴史問題で言うと、何をやるつもりですか。

霊人A　だから、先の歴史認識は、変えるわけにはいかん。断固、変えるわけにはいかん。変えられると、わしは悪人になるから、絶対にそれは許さん！

綾織　慰安婦《いあんふ》問題では、ちょうど八月の終戦記念日の前でしたが、朝日新聞が訂正《ていせい》の記事を出しました。

霊人Ａ　もう、あんなもんは、あろうがなかろうが、あったことにしなきゃいかんのだ、絶対に。あろうがなかろうが、もう「あった」ことにしないと、そうしないと、「（東京）裁判が間違いだった」っていうことになったら、全部、覆《くつがえ》るじゃないですか。

綾織　うーん。東京裁判を守りたい？　その判決を維持《いじ》したい？

霊人Ａ　だから、サダム・フセインを死刑《しけい》にしたでしょう？　なのに、大量破壊《はかい》兵器が見つからなかった。

「あの死刑は間違いだった」っていったら、ブッシュはどうなるわけ。ええ？　あれは、「侵略者」になるんじゃないの？　侵略者で、敵の、相手の大統領を縛《しば》り首にしたんだったら、もう、ブッシュのほうが国際犯罪人になって、今度は吊《つ》るされるのは、こっちだろうが！　認めるわけにいかん。そうでしょう？　論理的には。

綾織　その裁判自体には、ある程度、正当性はあると思います。ただ、東京裁判には、正当性はないと思います。これは、もう別ものですよ。

霊人Ａ　そんなことはない。日本は、世界の百カ国以上と戦っとったんやから、最後は。ああ？　犯罪人よ。

綾織　いえいえ。世界の植民地を、解放していったんですよ。

霊人Ａ　だから、「ヒットラーさえ降参したのに、まだ戦っとった」っていう、この悪どさは、もう、どうしようもないわな。わしがおったら、裕仁《ひろひと》（昭和天皇）は、絶対、生きては逃さんかったがなあ。

「日本の宗教はキリスト教に改宗させて、靖国《やすくに》神社も破壊《はかい》したい」

斎藤　天皇家に対しては、どのように思っていたのですか。

霊人Ａ　いや、だから、わしの寿命……。本当に、高野山は腹が立つ。わしの寿命が、もう、あと半年ぐらい延びとったら、天皇は絶対、死刑にしとるからさあ。

斎藤　天皇を死刑に？

霊人Ａ　絶対する！（大きくうなづく）もうねえ、廃絶《はいぜつ》した！　ほかのとこの皇室も、まあ、皇室っていうか、王室も、全部、だいたい潰れとるから、戦争に負けたらな。日本の皇室は、あそこで終わってる。

霊人Ａ　だから、わしが先に死んだっていうところと、トルーマンの、あの気の弱さが、やっぱり問題ある。

綾織　天皇家を潰して、先ほど、「高野山」というのを何度もおっしゃっていますが、「日本の宗教も許さない」という立場なんですか。

霊人Ａ　ああ、そらあ、そうでしょう。キリスト教に、これは改宗《かいしゅう》させないといかんでしょう。

綾織　ああ、全部変えて。

霊人Ａ　そら、そうでしょう。当ったり前じゃないですか。

斎藤　「靖国《やすくに》神社」については、どのように思っていますか。

霊人Ａ　あんなもの、いまだに存在するっていうこと自体がおかしいですよ。自分らで壊《こわ》せんのだったら、あそこも原爆落としたろか、ほんとに。

いや、原爆は要《い》らんわなあ。たぶん、もうちょっと〝小さい〟ので吹《ふ》っ飛ぶだろうな。

今、日本が「自虐《じぎゃく》史観」から脱出《だっしゅつ》しようとしている

斎藤　東條英機《とうじょうひでき》という方がいらっしゃいますけども、あの方には、どういう思いを持っていますか。

霊人A　ああ、それはもう、悪魔だなあ。悪魔の番頭《ばんとう》だろう。

斎藤　今、目に見えない世界では、交流とかは一切《いっさい》ないんですか。

霊人A　交流ってことはないけど、あれは、なんか今〝頭〟を出していこうとしてるから。

斎藤　ええ。今、歴史の転換点《てんかんてん》で、「第二次世界大戦」の総括《そうかつ》的なところで、〝立って〟きています。

霊人A　いやあ、それは知ってる。（東條英機が）出てこようと、復活しようとしてるのは分かってるよ。おまえらが仕掛けてな。復活しようとしてんだろ？（注。二〇一三年に東條英機の霊言を二回収録した。『公開霊言 東條英機、「大東亜《だいとうあ》戦争の真実」を語る』〔幸福実現党刊〕『「首相公邸《こうてい》の幽霊《ゆうれい》」の正体』〔幸福の科学出版刊〕参照）

斎藤　そのことについては、どうして情報を得たんですか。

霊人A　ええ？　それは、やっぱり自分に利害があることぐらい、みんなすぐ分かるでしょう。

斎藤　それを知ってから、行動が変わったということはありませんか。

霊人A　だから、日本人全体が東條を憎《にく》んでるのが、いちばんいいわけよ。

斎藤　計画の全貌《ぜんぼう》としては、今回、こういう災害等を起こして、日本に経済的打撃や心理的打撃を与えていくということが狙いなんですか。

霊人Ａ　いやあ、だから、何回も何回も、崩《くず》れるやつあるじゃないの。「積んでも崩れ、積んでも崩れ」って。ギリシャ神話にもあったが、「岩なんか持ち上げたら、転げ落ちて、また上げて」っていう地獄の描写《びょうしゃ》があるけどさあ。大岩を上げていくと、また転げ落ちて、何度も何度もやるのがあるけど（シーシュポスの岩）、日本はそういう状態を永遠に続けるのがいいわけよ。

だから、ヒットラーがユダヤ人にやらせたよな？　「穴を掘《ほ》らして、土をこっちに積んで、またもう一回埋《う》めさせて、穴を掘らして、もう一回埋めさせて」っていうの。これを一カ月ぐらいやらせると、だいたい発狂《はっきょう》する。意味のない同じことをやらせるとな。同じように、何回も押《お》し上げては落ち、押し上げては落ちるのを、繰《く》り返しやっとればよろしいわけよ。

綾織　災害を起こして、修復をずっとやっていると。

霊人A　毎年、総理大臣が替わるたびに災害対策ばっかりやっとれば、だいたい、いいわけよ。そうしたら、〝反省〟から永遠に出れんから。
でも、今脱出《だっしゅつ》しようとし始めてるからな。

オバマ大統領が広島に行って謝罪をしたら、暗殺する

斎藤　つまり、そちらから見ると、日本は、本当の意味で脱出しかかっているということですね。

霊人A　うーん。まあ、そういうことだ。しかかってる。

斎藤　今まで戦後七十年間はそうではなかったけど、最近になって本当に「自虐史観」から脱出しつつあるのですか。

霊人A　ああ、日本の週刊誌なんかみんな、朴槿恵《パククネ》とかをさんざんな毒婦《どくふ》のような、

悪い女みたいに描いて、「韓国を捨てろ」とか、「見捨てろ」とか、「厭韓《えんかん》」だの、「嫌《けん》韓《かん》」だの、「呆韓《ぼうかん》」だの、何だか知らんけど、いろいろ出しとるわね。過去、あんだけ強気だったことはなかっただろ。今、最高でしょ。

綾織　今、韓国に対してそうですね。

霊人Ａ　最高でしょ。だけど、それは、その〝刃《やいば》〟は、そのうち必ずこっちにも向かってくるの分かってるから。

綾織　ああ、なるほど。

霊人Ａ　韓国と中国を謝罪に追い込んで、その姿勢は〝根源〟にまで行くつもりでおるんだから。

綾織　逆に言うと、オバマ大統領が謝罪する可能性が見えてきているということになるんですか。

霊人Ａ　いやいや、その前に辞《や》めさせるよ。大丈夫《だいじょうぶ》。大丈夫。そんなもん、そこまで任期はやらんから。

綾織　もし、今こういう日本の動きが高まっていったときに、オバマ大統領は原爆について……。

霊人Ａ　広島に行って、「ごめんなさい」をやるんだったら、暗殺しますよ。

綾織　ほお。

霊人Ａ　暗殺です。

綾織　本人は、そういう気持ちを持っているという噂《うわさ》がありますよね。

霊人Ａ　暗殺です。それは確実に暗殺です。

そりゃあ、ケネディの娘《むすめ》までいるんですから、暗殺ぐらいは〝親和性〟はあるわなあ。暗殺されるでしょう。

戦後七十年を迎《むか》えるに当たって、改めて「戦後体制」を固めたい

綾織　来年は戦後七十年になるわけですけれども、ここで日本に対して、今までの戦後の歴史認識を確定させるということを考えていますか。

霊人Ａ　それはもうねえ、絶対に「憲法九条を守る会」（九条の会）が〝暗殺〟に来ますよ。

綾織　（苦笑）憲法九条を守る会は、そういうことはやらないと思いますけども。

霊人Ａ　そらあ、暗殺に来ると思います。

綾織　何か、来年にかけてお考えになってることはありますか。

霊人Ａ　やっぱり、「犯罪」でなければいけないわけです。先の戦争は、「日本の犯罪」でなければいけないわけですから。

綾織　先ほど、「韓国、中国と連携して」という話がありましたが、連携して、何をどういうふうにされますか。

霊人Ａ　だから、「戦後体制」を固めないとね。動かしてはいけないからね。戦後つくった国連の体制をね。

安倍とか、生意気にも「常任理事国入りを目指している」とか、なんか言うとるらしいけど、犯罪人にそんな資格があるわけないじゃない。本当は地球から永久追放なんだよ。

綾織　つまり、日本が犯罪国家であることを、七十年目にして、また確定させるということですか。

霊人A　もし、宇宙航空技術がもっとあったら、宇宙の果ての星に、日本人なんか閉《と》じ込めたいぐらいだからな。〝宇宙刑務所〟に、ぶち込みたいのがほんとだから。

綾織　なるほど。日本人全員が犯罪者ですか。

霊人A　地球に置いてもらってるだけで、ありがたいということが分かってるのか。もう、こんなちっちゃい島国、どうせいずれ、プレートが沈んで島ごと沈むんだろうからさあ。「それまでだけ猶予《ゆうよ》してやるから、おとなしくしとれ」と。まあ、そういうことだ。

3　広島大水害を起こした霊人《れいじん》の正体に迫《せま》る

アメリカで起きたハリケーン「カトリーナ」は中東からの霊的攻撃《れいてきこうげき》

斎藤　でも、今日も報道を見ますと、アフリカで起きたエボラ出血熱は、アメリカにも感染者が一人出てきましたよね。アメリカも、だんだんやり返されているのではないんですか。

霊人A　まあ、そりゃいろいろな国との利害関係はあるよ。

斎藤　いや、ハリケーンでも、「カトリーナ」とか、非常に大きい災害があったりしたじゃないですか（注。ハリケーン・カトリーナは、二〇〇五年八月末、アメリカ合衆国南東部を襲《おそ》った最大級の超《ちょう》大型ハリケーン。死者千八百三十六人の被害《ひがい》を出した）。

霊人Ａ　ああ、フィリピン？　いや、アメリカの？　あった、あった、あった。

斎藤　はい。ありましたよね。

霊人Ａ　水没《すいぼつ》もあったなあ。

斎藤　ですから、そういうふうに、そんなに強気で言っておられますけど、逆にやられているということもあるんじゃないんですか。

霊人Ａ　あれは、フセイン系の何かだと思う。反撃《はんげき》だと思うよ。あそこもいっぱいおるからね。いろいろな悪いのが歴史に何千年もいっぱい〝溜《た》まっとる〟から。そういう神を名乗る〝悪神《あくしん》〟がたくさんいるから、そういうやつらが悪さをちょっと仕掛《しか》けてくるんだ。

斎藤　そちらも防衛が弱いというのもあるんじゃないですか。自虐史観《じぎゃく》で〝穴〟が開くのもありますけど、アメリカでも今……。

霊人Ａ　こんなにいい国なのになあ、中南米はアメリカが嫌《きら》いなんだよな。南米もアメリカが嫌いだし、中米もなぜか嫌いなんです。ちょっと分からないんだよ。だから、カリブ海辺りが「念力戦《ねんりき》」の場になって、カリブ海辺りで、「アメリカ嫌いの念力」のほうに乗っかって、中東とか、あの辺りの、「砂漠《さばく》のジン（魔神《まじん》）」みたいなやつが乗り込《こ》んできて、霊力《れいりょく》をバーッと与《あた》えれば、そういうハリケーンが巨大化《きょだい》して、狂暴《きょうぼう》化して〝暴《あば》れる〟みたいなことになる。アメリカを荒《あ》らして、バーッと、すっ飛ばして、家を吹《ふ》っ飛ばして、水没させたり、たまにやられることはある。

「エジプトのラムセスは気に食わない」

綾織　あなた自身が、「砂漠のジン」ではないんですか。

霊人Ａ　私はそんなことありません。私は先進国以外には生まれませんから、そんなことはない。

綾織　ユダヤ系の民族神《みんぞくしん》として、ずっと仕事をされてきた方ですよね？

霊人Ａ　ううーん……。まあ、ユダヤ系はヨーロッパも、アメリカも入ってはいるからね。そんな縁《えん》がないとは言えんけど……。
ちょっと、ラムセスとかに〝お仕置き〟したのは事実だな。

斎藤　ラムセスは、ラムセス一世ですか？　二世ですか？

霊人Ａ　うーん？　まあ、どっちも気に食わん。あんなピラミッドを建てるようなやつは気に食わんからさあ。ああいうのはちょっとなあ。やっぱ、あれはいかん。だから、仕返しに「摩天楼《まてんろう》」を建てて頑張《がんば》ったんだよ。

斎藤　仕返しに摩天楼を建てた？　ははあ。

霊人Ａ　マンハッタンになあ。「ピラミッド」と言って、あんな原始的な〝三角形〟を建てて喜んでるような、そういう原始民族に対して、摩天楼を建てて、「近代というのは、こういうもんだ」ということを悟《さと》らせないかんからなあ。

モーセに奇跡《きせき》を起こして、エジプトに災《わざわ》いを起こした神なのか

斎藤　イギリスからメイフラワー号でやってきて、アメリカを建国したという、その流れのなかには、あなた様だけがいるのですか？　「違《ちが》う神様」も入って国を建てたんですか？

霊人Ａ　うーん。

斎藤　あなたは霊的な流れのなかで、「分派」なんですか？

霊人Ａ　（舌打ち）まあ、だから……。

斎藤　それとも、あなたがメインの存在なんですか？

霊人Ａ　エジプトに飢饉《ききん》だとか、川を血の色に変えるだとか、イナゴを発生させるだとか、雹《ひょう》を降らせるとか、モーセにいろいろな奇跡《きせき》を起こした。

その神は、おまえらが信じてる神とはちょっと性格が違うように見えなくはないか？

綾織　まったく違うと思います。

斎藤　そうですね。モーセの持っている杖《つえ》（アロンの杖）が蛇《へび》になったり、イナゴの大群を発生させたりとか、赤い血の川に変えたりとか……。

霊人Ａ　そういう神であった可能性は高いわなあ。

斎藤　ああ、なるほど。それは天変地異的なところも含《ふく》んでいますからね。

霊人Ａ　うーん、そうなんだよ。

斎藤　ああ。それは恐《おそ》れさせてですか。

霊人Ａ　うーん。だから、最初、エジプトを支配している神はおったんだけども、それに反抗《はんこう》する神もおって、ユダヤ民族をリリース（解放）したんだけど、ユダヤ民族が長く繁栄《はんえい》してると、エジプトにいた神様がまた入って来始めて、侵略《しんりゃく》してくるみたいな感じの戦いはあったでなあ。

斎藤　勢力争いのような、内紛《ないふん》みたいなものがあったんですか。

霊人Ａ　いや、内紛というか、「考え方の違い」だな。

斎藤　流派が違う？

霊人Ａ　考え方に違いがあるからな。

斎藤　あなたは今、主流派ですか。

霊人Ａ　まあ、「人を恐れさせる」のが神の主流だわな。

斎藤　人数的にも多いんですか。勢力的、人数的にというか、数ですね。それは少数なんですか。

霊人Ａ　いやあ、そんなことはない。帝王《ていおう》は数は少ないなあ。

斎藤　帝王は少ない？

霊人A　うん、うん。そんな数は少ないけど、「家来《けらい》」っていう意味では、確かにたくさんいるわな。

フビライ・ハーンやフランクリン・ルーズベルトは〝指〟のようなもの

綾織　あなたは今、地上に生まれていると思うのですけれども。

霊人A　うん？　うん？

綾織　「中国に生まれている」という情報があるんですけれども。

霊人A　そうかな？

綾織　これは違うのですか。

霊人A　うーん……。

綾織　「フビライ・ハーンの霊言《れいげん》」というのがありまして、そのときに現代中国に生まれているということでした（『フビライ・ハーンの霊言』〔幸福の科学出版刊〕参照）。

霊人Ａ　うーん、聞いたことはあるが、そんなもんではないなあ。わしの力は、そんなもんではない。そんなレベルじゃないんだなあ。

綾織　それは、一部という感じなんですか。

霊人Ａ　ああ、そうやな。まあ、〝指〟の一本ぐらいのものかな。偉大《いだい》なる神だからな。指の一本ぐらいだ。

綾織　はい、はい。フビライ・ハーンも一部という感じなんですか。

『フビライ・ハーンの霊言』
（幸福の科学出版）

霊人A　（人差し指を立てて）指一本ぐらいだ、うん。人差し指ぐらい。

綾織　ほう、ほう。ルーズベルトは？

霊人A　（中指を立てて）まあ、中指ぐらいやな。

綾織　中指（笑）。

神の〝ジンジケート〟を明かすわけにはいかない

斎藤　〝手のひら〟はどうですか。

霊人A　うーん……。

斎藤　誰《だれ》なんですか。

霊人A　いや、そらあ、目に見えぬものだろう。

斎藤　歴史には、何も記録や痕跡《こんせき》は遺《のこ》されていないんですか。

霊人A　それはいっぱいあるんじゃないか？

斎藤　どんな痕跡がありますか。教えていただけますか。

霊人A　うーん？　まあ……。

斎藤　世界史的には、何か、とても有名なトピックスがあるんじゃないでしょうか。

霊人A　そらあ、あるかもしらんなあ。

斎藤　どんなものがありますか。ぜひ、教えていただけませんか。

霊人A　まあ、あるかもしらんけど、わしらの〝シンジケート〟を全部明らかにするわけにはいかんでなあ。

斎藤　「シンジケート」というのは、非常に迫力《はくりょく》のある言葉ですよね？

霊人A　ああ、そうだな。ちょっと、あんまりいい意味じゃなかったなあ。

斎藤　（笑）何か、力を感じますけど。

霊人A　わしらの〝神のネットワーク〟を、そう明らかにするわけにはいかんところがあるからなあ。

「中国とアメリカを組ませて世界を支配したい」

綾織　当然、そのネットワークで中心的な役割を果たされているとは思うんですけれども、それ以外の方っていうのは、どういう人になるんですか。

霊人Ａ　まあ、とにかく〝反乱軍〟を鎮《しず》めるのは大変だからね。あっちもこっちもな。

綾織　反乱軍を鎮める？

霊人Ａ　うーん。だから、日本とフィリピン争奪《そうだつ》戦もやったし、実はハワイも争奪戦をやっとるからなあ。ブラジルは、日本のほうがちょっと強くて、日本の神様にだいぶ入り込まれてしまった。

綾織　ああ、移民がありましたね。

霊人A　ハワイ争奪戦、フィリピン争奪戦をやった。それから、昔、わしは中国を支配したことがあるからなあ。だから、中国とアメリカが合体すれば、最強の「世界支配」が可能だわな。

今これをやろうと思ってるのに、おまえらのちっこい国が、なんか〝悪い動き〟をしとるからさあ。変な、コチョ、コチョ、コチョ、コチョ、コチョーッと、〝貧乏《びんぼう》くさい新聞社〟と〝貧乏くさい教団〟がコソ、コソ、コソ、コソ、コソやって。

綾織　それが、本当に小さければ、そんなに気にする必要はないと思うんですけどね。

霊人A　（聴聞席を見渡しながら）ちっこい出版社が毎日、毎日、本を出して、〝蚊取《かと》り線香《せんこう》〟ぐらいのちっちゃーな煙《けむり》出して……。

綾織　それだったら、どうでもいいんじゃないですか。関係ないんじゃないですか。

霊人Ａ　どうでもええったって、やっぱり、〝蚊〟がブンブン飛んで、蚊の一匹《ぴき》だって寝《ね》れんがね。

綾織　ああ、寝れないですか。

斎藤　今の話を聞いてますと、何か恐れを感じている印象がありますね。

霊人Ａ　恐れなんか全然ないよ。こちらこそ「恐れの神」なんだから。

斎藤　いやいや。先ほど、綾織に対して、「おまえら、本当はどうなんだ。私を大悪人に仕立て上げようとしてるだろう」と、強い気持ちで訴《うった》えてたじゃないですか。

霊人Ａ　ああ？　わしを呪《のろ》い殺したのも許せんけども、わしを小児麻痺《しょうにまひ》にかけたやつも許せんのや。あいつも……。

斎藤　小児麻痺になったのも、何か霊的な影響《えいきょう》があったのですか。

霊人Ａ　ああ。動けんようにしたつもりでいたのを、わしが〝奇跡の復活〟を果たしたから。根性《こんじょう》でなあ。根性と神秘力で、奇跡の復活をな。

小児麻痺かけて悪いことしないようにしようと狙《ねら》ったやつがおったらしい。神はそういうことしたらいけないんだ。〝善意の神〟は、そういうことをしたらいけない。

「南京大虐殺《ナンキンだいぎゃくさつ》」はアメリカの「プロパガンダ作戦」

斎藤　今、大川隆法総裁が、この地上の日本にお生まれになられ、綾織も申していましたけれども、アイリス・チャンというジャーナリストの霊を呼んで……。

霊人Ａ　ああ、いい。美しい名前だね。百合《ゆり》の花のような美しい名前。

斎藤　死後の霊的な結果を追跡し、本当のことを話していただきました（前掲《ぜんけい》『天に誓《ちか》って「南京大虐殺《ナンキンだいぎゃくさつ》」はあったのか』参照）。その結果、今、歴史の流れは大きく変わってきています。こういう歴史的な現場にいるんですけれども。

霊人Ａ　まあ、あんな本一冊で何も変わりゃしないよ。どうでもいいんだよ。あんなもん、何冊でも書けるんだよ。

斎藤　あと、「南京大虐殺」とか、「従軍慰安婦《じゅうぐんいあんふ》」の問題ですね。

霊人Ａ　そんなものはねえ、わしが「ある」と言ったらあるんだよ。「ある」と言ったらあるんだから。

斎藤　いえいえ。それが今、どんどん歴史的な証言が重なってきて、さまざまな真相というものが明らかになりつつあります。それについてはどう思っていますか。

霊人Ａ　日本の神様は嘘《うそ》つきだからな。みんな嘘つきだから。

斎藤　いや、それが今、非常にダメージがあるような感じはしておりますけれども。

霊人Ａ　嘘八百《うそはっぴゃく》だから。

やっと今ごろになって、アメリカの「プロパガンダ作戦」の強さを知ったんだ。七十年も遅《おく》れてなあ。

斎藤　やはり、あなた様が仕掛けた「プロパガンダ」だったんですね。

霊人Ａ　やっぱりねえ、実際の戦《いくさ》の前に、まずは「広報宣伝戦」っていうのがあるんだ。「情報戦」っていうのがあるんで。それですでに敗れた者は、あと、勝てないのよ。

綾織　そのなかに、「南京大虐殺」も入ってたわけですね。

霊人Ａ　それは当然でしょう。アメリカは、「どうやって参戦するか」っていうことを、あの手この手で考えなきゃいかんからなあ。真珠湾《しんじゅわん》より先に、もう「仕掛け」は入ってるよ。当然入ってるよ。もう入ってる。

だから、中国側から内部告発をさせて、「日本がいかに悪い国か」ということを広めなきゃいけんからなあ。

今でも、スターリンを「盟友《めいゆう》」と位置づけている

綾織　では、国民党からも、そういう工作はあったわけですけれども、アメリカも、当時から、直接、そういうのに入って、工作をしていたと？
霊人Ａ　うーん。まあ、そのころは、まだ、ソ連ともなあ……、まあ、ソ連っていうか、ロシアとも、まだ、つながっとったからなあ。だから、スターリン君とかも、なかなか頑張っとったので……。
綾織　うん？　スターリン君？　今も、話をされるような関係ですか。

霊人Ａ　盟友《めいゆう》だからねえ。

綾織　今も、盟友ですか。

霊人Ａ　世界を秩序《ちつじょ》づけたっていう意味では、彼は、大武勲《だいぶくん》を立てたからねえ。ヒットラーを倒《たお》し、それから、日本の息の根を止めたっていう、この戦功は大きいわなあ。

綾織　彼とは、今の時点でも、盟友なのですね？

霊人Ａ　うーん。意味がよく分からんけれども……。

綾織　話をされたりしますか。

霊人Ａ　うん？

斎藤　交流することがあるかどうかを訊《き》いています。

霊人A　うん。まあ、なんか、レーニン像やスターリン像が、どんどん倒されていくのが、ちょっとよく分からないんだけどなあ。うーん。何を考えてるのかなあ。

「本当に勝ったのは日本だった」という意見に納得《なっとく》できない

斎藤　日本神道《しんとう》系の神々に対しての思いを、一言《ひとこと》、聞きたいのですけれども。天御中主神《あめのみなかぬしのかみ》様、天照大神《あまてらすおおみかみ》様をはじめ、さまざまな日本の神々が、この神国日本を護《まも》っておられます。先ほど、「アメリカに突《つ》っ込んできやがって」というようなお話もありましたけれども……。

霊人A　いや、負けたんだからさあ。負けた以上しょうがないじゃん。アッハッハ。負けたら、もう、神も何もあったもんじゃないな。

綾織　いや、アジア各国には、「戦争の結果、起こったことを見れば、結局は、日本が勝っている」という見方をしている方も、たくさんいます。

霊人Ａ　ああ、負け惜《お》しみとしては言えるわな。

綾織　いえ、いえ。実際、起こったことは、植民地が解放されたということですので、戦争目的は果たしているわけですよ。

斎藤　アジアの植民地が独立を果たし、解放されました。

霊人Ａ　いや、それは、ピーター・ドラッカーみたいな裏切り者だろう。「本当に勝ったのは、日本だった」っていう……。あれは裏切り者だからさ。

綾織　まあ、そうですね。ドラッカー様は、そうおっしゃっていますからね。

霊人Ａ　あいつは、〝ハーフ〟だから。日本人とアメリカ人の〝ハーフ〟だから、ちょっと駄目《だめ》なんだ。

日本人の命を軽視し、原爆《げんばく》の実験を行った

綾織　「結局、どちらが戦争犯罪を犯《おか》していたかというと、原爆《げんばく》が、最も大きな戦争犯罪だった」というのが、今、見直されるべき歴史観ですよね。

霊人Ａ　いやあ、それはねえ、実験したかったのは事実だからなあ。科学の進歩にもつながることだから……。

だから、原爆が、ほんとに……。

斎藤　あなたは、「人の命」というものを、非常に軽視されていますよね。

霊人Ａ　いやあ、まあ、それはねえ、土人《どじん》の命は、そんな大したことではないから。アメリカ人は、そういう土人を追い払《はら》って建国した。そういう国だからね。

斎藤　でも、ウラン型とプルトニウム型など、二つも種類を使っておいて……。

霊人Ａ　まだ、ほかにもあったのよ。

斎藤　バンバン大空襲《だいくうしゅう》をして、十万人も焼いたりとか……。

霊人Ａ　やっぱり、裕仁《ひろひと》（昭和天皇）を焼きたかったなあ。

斎藤　焼きたかった……？

霊人Ａ　うーん。面白《おもしろ》いだろなあ。

斎藤　あなたは、人間の命に対して、どう思っているのですか！

霊人Ａ　だから、〝土人の命〟は安いのよ。

歴史観が覆《くつがえ》されると「裏側」から「下側（地獄《じごく》）」へ堕《お》ちることがある

綾織　先ほどの南京大虐殺は、「まったくのプロパガンダで、嘘だった」ということになると、結局、歴史観として、最後に残ってくるのは、やはり、「原爆が、とんでもない戦争犯罪だった」ということです。

霊人A　いや、だけど、結果を言うてもしょうがない。やっぱり、原因が問題だからね。原因が悪いんだ。

綾織　いや、いや。行為《こうい》の問題ですよ。

霊人A　ええ？　結果は、しかたないわあ。

綾織　「しかたない」などということはありません。実際に、これを計画して……。

霊人A　「そこまで見通せた」っていうんだったら、「神のごとき目があった」ということだな。「結果として、最終的に日本をここまで追い込む」っていうところについての計画は、四十年がかりでつくってるからね。

綾織　逆に言えば、この歴史観が覆《くつがえ》されてくると、まあ、あなた自身が、天国にいるのか、地獄《じごく》にいるのか、どこにいるのかは分かりませんけれども、だんだん「下」に引っ張られていくのではありませんか。

霊人A　まあ、そういうことは言える。

綾織　そうですよね?

霊人A　うーん。だから、「裏側から下側（地獄）へ堕《お》ちる」っていうことがある。

綾織　ああ、なるほど。

斎藤　今は、その時期ですか。だんだん下がってきていますか。

霊人A　うん。今、ちょっとねえ、微妙《びみょう》な力比べをしてるところだから。「表か裏か」っていうのは、世界史の流れのなかで、ときどき変わることがあってなあ。表から裏に回されて、さらに、裏から突き落とされると、下まで堕ちることがあるんでなあ。

「おまえたちの動きを、何とかして封《ふう》じないといけない」

綾織　日本の国内では、だんだん、原爆についての見方が変わってきていますし、世界でも変わってくると思います。

霊人A　うーん。だから、おまえたちの動きを、何とかして封《ふう》じないといけない。

斎藤　つまり、歴史のなかで、この幸福の科学から発信される、そうした霊的情報というのは、あなた様にとって、非常に厳しい環境《かんきょう》をつくり出す要因になっていますか。

霊人Ａ　だって、ほかに調べられる人がいないからな。

斎藤　世界のなかで、そうした判断をし、情報を発信するところは、当会しかないということですか。

霊人Ａ　まあ、まだ（おまえたちは）「変えるところ」まで行っとらんけど、「揺《ゆ》さぶり」はかけてるわなあ。確かになあ。

綾織　そうですね。

天雲　「松井石根《まついいわね》大将の霊言」（『南京大虐殺と従軍慰安婦は本当か』〔幸福の科学出版刊〕所収）などは見られていますか。

霊人Ａ　（舌打ち）あんな、今さら出すほどでもないような「じいさま」を出して、どうするんだ。ほんとに……。

天雲　あのような、「霊言によって調査される」ということが、すごくお嫌《いや》なのではないですか。

霊人Ａ　おまえらが言う高天原《たかまがはら》なんていうのは、石炭のガラクタの山ぐらいのことを言うとるんだ。だからねえ……。

綾織　今、高天原も、修復をされ、再建されているということですので、おそらく、それと反比例してくるのだと思います。

霊人Ａ　（水害が発生した広島の画像を映すモニター画面を指して）これが日本の惨状《さんじょう》だ。「日本

『南京大虐殺と従軍慰安婦は本当か』（幸福の科学出版）

の姿は、これだ」と、埋《う》め込まないかんのだ。

「神」と「悪魔《あくま》」が入れ替《か》わる条件とは

霊人Ａ　もう、だいたい、正体は分かったか。

綾織　はい。正体も分かりましたし、あなたが、何を望んでいらっしゃったかということも、よく分かりました。

霊人Ａ　戦っとるんだ。はっきり言えば、おまえらの「最終の敵」だわ。

斎藤　あなたは、フランクリン・ルーズベルト大統領としてお生まれになり、さらに、その過去世《かこぜ》では、フビライ・ハーンとして生まれ、中国とアメリカの両国で大国主義化し、他国を侵略していくという、そういう系統ですか。まあ、アメリカという国そのものを、全部、悪いとは言いませんけれども……。

霊人A　だからねえ、おまえらは、今、「神」を「悪魔《あくま》」に変えようとする運動をやってるのだよ。神を悪魔にしようとしてるんだ。

綾織　いや、いや。それは、ただ単に……。

霊人A　いや、そういうこともあるのよ。勢力図が変われば、そういうこともあるのよ。これは、信仰《しんこう》の世界でも起きることで……、まあ、例えば、宗教が起きるでしょ？　その宗教の信者がメジャーな場合は、それは「神」なんだよ。信仰されてる人がね。

　それが負けて、ほかの宗教のほうが大きくなった場合は、その神だったものが、今度は、引っ繰《く》り返されると、「悪魔」に堕ちるっていうことはある。

綾織　ほお。やはり、それは、人々の気持ちによ

『原爆投下は人類への罪か？』（幸福の科学出版）

って影響されるわけですか。

霊人Ａ　そう、そう、そう、そう。だから、結局、おまえらの好きな相撲《すもう》みたいなもんで、勝てば横綱《よこづな》。負ければ、陥落《かんらく》し、幕下《まくした》。まあ、そういうことだわな。

綾織　なるほど。

霊人Ａ　まあ、そういうことなんで、やっぱり、信仰の世界で勝つか負けるかで、神と悪魔は入れ替《か》わることはあるんだ。だから、「七大天使の堕天使《だてんし》が悪魔になった」っていうのがあるが、そちらが勝てば、そっちが神になり、神のほうが悪魔になっとるだろう。そのときに、神に勝てんかったから堕天使になったんだ。
だから、神の座を狙って、負けたから、それは悪魔になったわけだ。勝ったら神になれるわけで、そうしたら、次は、神が悪魔になるわけだ。

綾織　なるほど。

現代アメリカにおける「危ない流れ」を察知している

綾織　もし、アメリカの世論《よろん》が、完全に、ガラッと変わってしまうと、堕ちてしまうという状態になるわけですね？

霊人A　うーん……、だから、「嘘つきだった」っていう反省……、まあ、ベトナム戦争以降は、ちょっと危ないのよね。この流れはよくない。よくない流れはあるし、国としても、麻薬とかなあ、同性の〝あれ〟とかで、ちょっと……。

斎藤　そうですね。同性愛《どうせいあい》、麻薬、銃《じゅう》などで、国民の心が荒廃《こうはい》していますね。

霊人A　ちょっと怪《あや》しげで、「ソドムとゴモラ」化しつつあるので、ちょっとだけ危ない感じの流れが出てきたな。

斎藤　そうですね。家族の崩壊《ほうかい》から始まり、銃、麻薬など、さまざまな問題が……。

霊人A　アメリカ的発信が最高で素晴《すば》らしかったのが、だんだん、国を退廃に導いているように見えてき始めているので、ちょっとなあ……。

綾織　おそらく、その大きな流れというものに抵抗《ていこう》しても無駄だと思いますので、先ほど、あなたが、「大事だ」とおっしゃった「反省」というものを、よく理解していただければと思います。

霊人A　日本なんか、ちっちゃい国だからね。頑張ってもいいけど、もうすぐプレートが沈《しず》んで、終わるからね。

綾織　いえ。それは、戦いですよね。

霊人A　わしが、ちょっと突《つ》いたら、もう（プレートが）ズボッと入って、島ごと終わりよ。

綾織　それは、まさに、私たちの戦いだと思います。

霊人Ａ　（水害が発生した広島の画像を映すモニター画面を指して）こんなもんは、ちょっとした警告で、笛をピーッと吹いたぐらいのもんが、こんなものだわな。

「〝最終のチャンピオン〟は私だ」

斎藤　そろそろ、お時間となってまいりました。

霊人Ａ　ああ、そうですか。

綾織　はい。あなたの意図は、ものすごくよく分かりました。

霊人Ａ　まあ、〝最終のチャンピオン〟は私だから、よく頭のなかにインプットしておくように。君たちの小さなメディアでは、とても戦えないから。君たちのメディアで戦える相手じゃないからね。
綾織　いえいえ。今、多くの人の気持ちが変わり始めていますので。
斎藤　本日は、広島大水害の霊的な真相、そして、あなた様、つまり、フランクリン・ルーズベルト大統領の……。
霊人Ａ　（苦笑）名前は出さんでよろしいんだけど……。
斎藤　いやいや。ここは明らかにしておきませんと。結局、誰だったのか分かりませんから。
霊人Ａ　何で、ルーズベルトが、広島で水害を起こさないかんの？　おかしいでしょう？　ルーズベルトを騙《かた》る日本の悪い神様が言ったんだ。

斎藤　いやいや。まあ、いろいろな話の内容を総《そう》括《かつ》いたしますと、そうした本質が浮《う》き彫《ぼ》りとなってまいりました。

霊人A　ああ、そうかあ。

斎藤　本日は、広島大水害の真相の一端《いったん》をつかむ貴重な機会となりました。

霊人A　ああ。呼び出されると思わんかった。

斎藤　はい。ありがとうございました。お帰りください。

意外だった「広島大水害を起こした者の正体」

大川隆法　（手を二回叩く）ちょっと意外でした。まさか！（会場笑）「まさか」でした。まあ、戦争が絡《から》んでいるとは思っていたのですけれども、まさか……。

フランクリン・ルーズベルト（1882～1945）
アメリカ合衆国の第32代大統領。世界恐慌期に大統領に就任し、「ニューディール政策」を推進して経済を再建。日本の真珠湾攻撃を契機に第二次世界大戦に参戦し、連合国の指導にあたるも、勝利目前に急死した。

安倍《あべ》さんが、靖国《やすくに》神社に参拝《さんぱい》しないので、「日本の神様の誰かが怒《おこ》ったのかな」と思っていたのです。「参拝に行って、慰安婦の談話の見直しをせんか!」といって、安倍さんを怒ったのかと、私は思っていたのですが、違ったのですね。

綾織　そうですね。〝出張〟して来るのですね。すごいですねえ。

大川隆法　すごいですねえ。出張するのですね。やはり、自分の価値を変えられるのが嫌なのでしょう。これは意外でした。やってみるものですね。
まさか、こんなところで、こんな〝小技《こわざ》〟まで効かせているとは、少し驚《おどろ》きました。

第2章　御嶽山噴火《おんたけさんふんか》の霊的《れいてき》真実に迫《せま》る

二〇一四年十月一日　収録
東京都・幸福の科学総合本部にて

質問者　※質問順

斎藤哲秀《さいとうてつしゅう》（幸福の科学編集系統括《とうかつ》担当専務理事）

天雲菜穂《てんくもなお》（幸福の科学第一編集局長）

綾織次郎《あやおりじろう》（幸福の科学上級理事 兼《けん》「ザ・リバティ」編集長）

［役職は収録時点のもの］

1　救出活動が難航した御嶽山噴火《おんたけさんふんか》の現場

「御嶽山噴火《おんたけさんふんか》」の霊的《れいてき》な真相に迫《せま》る

斎藤　それでは、続きまして、二つ目のテーマであります、最近の御嶽山《おんたけさん》の噴火《ふんか》につきまして、霊的《れいてき》な真相を追究していく機会とさせていただければと思います。

大川隆法　これは、最近ですね。四日ぐらい前でしたか。今は、すでに何十人かが亡《な》くなり、窒息《ちっそく》した状態になっている人もいるけれども、火山活動が続いているために、捜索《そうさく》が中断されているのですね？

（質問者に）そちらのほうから解説はありますか。

天雲　噴火が起きたのは、四日前の九月二十七日になります。

大川隆法　ああ、そうですか。

天雲　週末の土曜日で、登山客のみなさんがお昼ご飯《はん》を食べようとしていた矢先の十一時五十二分ごろ、御嶽山が噴火し、大量の火山灰で覆《おお》われました。

　御嶽山は、長野《ながの》県と岐阜《ぎふ》県にまたがる三〇六七メートルの山で、ここが噴火してしまったのですが、「軽トラック大の噴石《ふんせき》が飛んできた」という証言もありますし、三十センチ前後の灰が降り積もったようです。

　さらに、心肺停止状態の方が山頂にいらっしゃるのですけれども、火山ガスや火山の微動《びどう》が続いていることによって、なかなか助けにいけず、捜索が難航しています。

死者12人　心肺停止24人に

御嶽山噴火

火山ガス　救助

不明者総数つかめず

長野、岐阜両県にまたがる御嶽山（3067㍍）の噴火で、長野県警は29日、山頂の剣ヶ峰付近から心肺停止状態の8人を収容し、全員の死亡を確認、このうち7人の身元が判明した。死者は計12人となった。一方、同日午後、新たに5人が心肺停止状態で見つかった。頂上付近で火山ガスの濃度が高くなり、午後2時前に救助活動を中止。山中には少なくとも心肺停止状態の24人が残っている。〈関連記事2・3・13・38・39面〉

御嶽山の山頂付近で活動する緊急消防援助隊員（28日）＝名古屋市消防局提供

9月27日に噴火した御嶽山では、山頂付近に数多くの登山客が取り残された。（読売新聞2014年9月30日付）

また、再噴火の恐《おそ》れや二次災害の恐れがあり、たいへん危険な状況《じょうきょう》が続いているようです。

大川隆法　うーん。ポンペイのような感じになるか、ならないか……。まだ続くかもしれないわけですね。

斎藤　現在、十二人の方が死亡され、二十四人が心肺停止の状態で発見されています（注。本霊言収録後、十月一日時点で四十七人の死亡が確認され、火山被害《ひがい》としては戦後最悪の被害となった）。その被害は非常に大きく、亡くなられた方に対しましては、本当に、心からご冥福《めいふく》をお祈《いの》り申し上

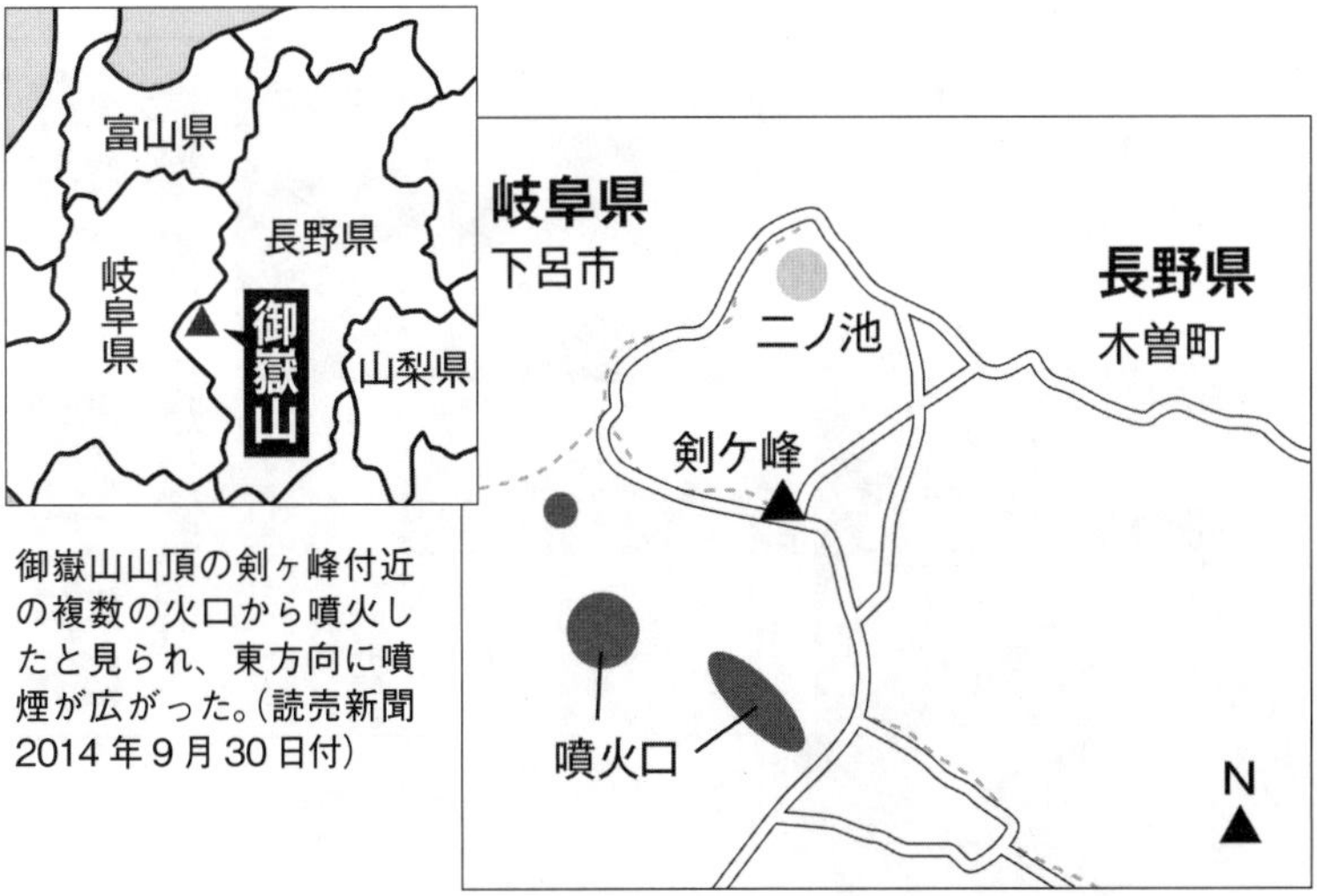

御嶽山山頂の剣ヶ峰付近の複数の火口から噴火したと見られ、東方向に噴煙が広がった。（読売新聞2014年9月30日付）

げたいと思います。

　こうした御嶽山の噴火によって、細《こま》かい微《び》粒子《りゅうし》の灰が降り、真っ白になって、まさに、ポンペイのようになっております。

大川隆法　これも、日本の神様なのか、そうでないのかは、まだ分からないので、予断を持ってはいけないですね。何が原因か、まだ分かりません。

日本神道《しんとう》の神々を祀《まつ》っている御嶽《おんたけ》神社

天雲　この山には、御嶽《おんたけ》神社という神社があるのですが、ここは、国常立尊《くにとこたちのみこと》（国之常立《くにのとこたち》神《かみ》）と大己貴命《おおなむちのみこと》、少彦名命《すくなひこなのみこと》という御祭神《ごさいじん》が祀《まつ》

捜索3日連続で中断
御嶽山　再噴火の恐れや有毒ガス
火砕流
専門家が見
昼食時　拡大　絶景の山

捜索の難航を伝える記事。

（〈左〉産経新聞 2014 年 9 月 30 日付〈上〉朝日新聞同 10 月 1 日付）

られているところです。

大川隆法　「国常立」と、まあ、あとの二人は、おそらく、出雲《いずも》系の神様ですね。

斎藤　少彦名命は、小さい神様ですね。

大川隆法　出雲のほうに、宇宙人のように、小さい神様がやってきて……。

斎藤　ええ。記紀《きき》によれば、「かぐや姫《ひめ》」のように小さな神様が……。

大川隆法　小さい神様が来たのですよね。

さあ、どのようなところでしょうか。では、聞いてみましょうか。

（合掌《がっしょう》し）それでは、引き続きまして、四日ほど前に起きた御嶽山の噴火について調べます。

「火山大国なので、噴火や地震《じしん》もあるかもしれない」と、いろいろ心配もされていましたし、西之島《にしのしま》のように、噴火によってできた島もあったので、「この一連の流れから見ると、富士山につながるところで、何か起きるのではないか」という感じはしてはいたのですが、はたして、どんな意味があるのか。何によって、突如《とつじょ》、こういう噴火が起き、人命を奪《うば》ったのか。日本の神の意向なのか。そうではないのか。何らかの反省を求めていらっしゃるのか。あるいは、別の意味があるのか。このようなことについて、どんな結論が出てくるのかは、分かりませんけれども、調べてみたいと思います。

（合掌している手を擦《す》り合わせながら）それでは、幸福の科学総合本部より、発信いたします。

天におけるあらゆる霊よ。また、地におけるあらゆる霊よ。地下におけるあらゆる霊よ。御嶽山噴火に関して、最も責任のある者よ。

どうか、幸福の科学総合本部に降りたまいて、その名を名乗り、その意図を告げ、われらに、何を伝えんとしているのかを教えたまえ。

御嶽山噴火に関して、死傷者が、たくさん出ておりますが、それは、われわれ日本人に対する警告であるのか、反省を求めているものなのか。それとも、別の意味にあるものなのか。偶然《ぐうぜん》なのか。いろいろなことがあろうかと思います。

天においても、地においても、地下においても、御嶽山噴火に責任を持ちし者よ。

どうか、現れ出《い》でて、その真相について語りたまえ。

（約二十五秒間の沈黙《ちんもく》）

2　御嶽山噴火《おんたけさんふんか》を起こした存在の〝意外な正体〟

今回の御嶽山噴火《おんたけさんふんか》に関係している霊人《れいじん》が現れる

御嶽山噴火に関わっている霊人（以下、「霊人B」と表記）（手を九回叩《たた》く。スーツの前ボタンを外して、両手を広げる）うーん、熱い、熱い。熱い。

綾織　熱いですか。

霊人B　噴火《ふんか》は熱いなあ。噴火は熱い。

綾織　今、もしかして、御嶽山《おんたけさん》にいらっしゃいますか。

霊人B　うーん？　うん、熱い。噴火は熱いなあ。熱い熱い。やっぱり、さすがに熱いわあ。噴火したら。

綾織　普段《ふだん》から、御嶽山にいらっしゃる方ですか。

霊人Ｂ　うん？　普段から御嶽山にいらっしゃる？

綾織　ずっと御嶽山にいるというわけではない？　今回、この噴火にあたって、御嶽山にいらっしゃっているという状態ですか。

霊人Ｂ　うーん……。うーん……。（首をかしげる）で、何か問題があるわけ？　うん？

綾織　今回、突然《とつぜん》、御嶽山で噴火が起こり、たくさんの方が亡《な》くなっているので……。

霊人Ｂ　うん。いいじゃない。いいじゃない。山が生きてるんだ。山が生きてるんだから、いいんじゃないか。うん？

綾織　亡くなられた方には、本当にお悔《く》やみ申し上げるしかないです。

霊人B　ああ、そう。悔やんだってしょうがないでしょ。あの世に行ったらいいんだから。

綾織　あの世はありますが、それはそれで……。

霊人B　君たち宗教の仕事じゃないか。

綾織　はい。救っていかないといけないとは思います。

あなたは「いいじゃない」ということですが、どういうメッセージを持たれて、この噴火を起こされたのでしょうか。

霊人Ｂ　いいじゃないか。火山が噴火する。勢いがある。地球は生きとるんだ。素晴《すば》らしい。「地球が生きてる」っていうことを証明せないかんわな。それは噴火して生き埋《う》めにするのがいちばんだ。

綾織　生き埋めまで行く必要はないかもしれません。となると、いろいろな「火山の現象」を司《つかさど》っている方でいらっしゃいますか。

霊人Ｂ　君らそんなところにいないで、山に登ってランチでもしとればいいんだ。そうしたら、一撃《いちげき》を食らわせてやれたのにさ。ここまで飛ばすのは大変だからな。

天雲　あなた様のご意志で噴火を起こされたのですか。

霊人Ｂ　いやいや、息をしただけよ。吸って、吐《は》いた。

天雲　「御嶽山そのもの」ということでしょうか。

霊人B　まあ、一部だなあ。体の一部っていうかなあ。

御嶽山の山頂にある「国之常立神《くにのとこたちのかみ》」を祀《まつ》る神社を否定する

天雲　山頂にあります、神社とはご関係がございますか。まったく別の方ですか。

霊人B　（モニター画面の神社をじっと見ながら）これはねえ。この神社は間違《まちが》ってる！　間違ってる。これは潰《つぶ》さないかん。

綾織　ほお！

霊人B　この神社は間違っとる。

天雲　どういうところが間違っていますか。

霊人B　だから、「(標高が) 三千メートルを超《こ》えて、こんな神社がある」ということ自体が間違っとる。

綾織　そこでは国之常立神《くにのとこたちのかみ》が中心的に祀《まつ》られているわけですが、これがいけないのですか。

霊人B　いかん。これはいかんな。

綾織　三千メートルを超えては駄目《だめ》ですか。

霊人B　まあ、三十メートルだな。せいぜい。三十メートルぐらいの、こんもりした丘《おか》だったらかまわん。

綾織　山に祀ってはいけない?

霊人B　うん。いかん。

綾織　高い山では駄目ですか。

霊人B　三千メートルを超えたらいかんな。それは（分《ぶ》が）過ぎとるから、破壊《はかい》せないかん。何としても。

国之常立神《くにのとこたちのかみ》を「祟《たた》り神《がみ》」にして潰《つぶ》したい

綾織　あなたは山専門の神様ですか。ずっと山にいらっしゃる神様ですか。

霊人B　というわけでもないんだけども……。「国之常立《くにのとこたち》」っていうのは、特にいかんわ。とにかくいかん。今回は、国之常立にちょっと自粛《じしゅく》を求める運動が……。

綾織　何の自粛でしょうか。

霊人Ｂ　うん？　この日に、本を出版した。

斎藤　（苦笑）少し解説が必要かと思いますが、大川隆法総裁のご次男の大川真輝《まさき》様が、『大川真輝の「幸福の科学 大学シリーズ」の学び方』（幸福の科学出版刊）という本を出版されたという理解でいいですか（注。過去の霊査《れいさ》により、大川真輝の過《か》去世《こぜ》が国之常立神〔大本教《おおもときょう》の艮《うしとら》の金神《こんじん》〕であることが判明している。『国之常立神・立国の精神を語る』〔幸福の科学出版刊〕参照）。

霊人Ｂ　うん。まあ、そういうことだなあ。だからな、これを今、「艮の金神」と思うとる人が多いから、徹底《てってい》的にその路線で潰《つぶ》すのがいいよな。「祟り神だ」ということにして、こいつ（大川

『国之常立神・立国の精神を語る』（幸福の科学出版）

『大川真輝の「幸福の科学大学シリーズ」の学び方』（幸福の科学出版）

真輝《まさき》）を潰さないかんから。これを、ちょっと活躍できないようにしといて、早め、早めに潰さないと。芽のうちに摘《つ》んどかないかん。

綾織　ということは、その出版によって、「国之常立神が艮の金神ではない」という部分が明らかになってきているわけですよね？

霊人Ｂ　だから、そういう「正義の神」の面を見せてはいけない。あくまでも嫌《きら》われる「祟り神」でなければならないのじゃ。

斎藤　では、あなたはそれを演出しているわけですか。

霊人Ｂ　演出っていうか、三千メートルを超えたところに神社なんかつくるな。

綾織　それはかなり昔からあると思うので（苦笑）。

「日本の神々の復活を止《と》めたい」という本音

霊人Ｂ　まあ、今は「日本崩壊《ほうかい》の象徴《しょうちょう》」をつくってるところだからね。

綾織　日本を崩壊させたいのですか。

霊人Ｂ　うん。「日本の神々の復活を止《と》めたい」っていう気持ちはあるわな。

綾織　あなたご自身は、どこの神様ですか。

霊人Ｂ　うん？　まあ、犯人を知ろうと思えば、動機を探《さぐ》ればいいわけだろうからさあ。

綾織　日本を崩壊させたい？　日本の高天原《たかまがはら》も崩壊させたい？

霊人B　高天原？　そんなものがあってたまるか！

斎藤　高天原に対して、非常に敵意を感じますね。

霊人B　あんなもんは、まったくの嘘《うそ》だ。高天原なんていうのは、まったくの嘘だ。あれはただの〝河原《かわら》〟なんだ。河原の〝中州《なかす》〟なんだ。〝中州〟なんだよ。

斎藤　言論の自由なので結構ですけれども、なぜ、そんなに悪意があるのですか。

霊人B　家がないから、〝中州〟に住んどったんだよ。

綾織　先ほど、登場された方と同じですか。

霊人B　違いますよ。

天雲　先ほど「山の一部」とおっしゃっていましたが、今は別の方ですか。

霊人Ｂ　うん？　まあ、とにかく地球上のことでだね、自由にならんものはないんだ。

斎藤　でも、これだけのお力を持ち、天変地異を司っているわけですから、非常に霊的な力をお持ちの方であると拝察いたします。やはり、神々の世界にいらっしゃる方という理解をしてよろしいのでしょうか。

霊人Ｂ　まあ、とにかくだなあ、「日本の創世の神」みたいなのは徹底的に潰《つぶ》しとかないかんからねえ。

斎藤　創世の神を潰す？　どういうお立場の方かよく分からないんですけれども。

霊人Ｂ　「この国自体をもともとなかったことにする」のが、いちばんいいからなあ。

日本の神々に対して「民族の恨《うら》み」がある

天雲　何か個人的な恨《うら》みのようなものがありますか。

霊人Ｂ　いや、個人的な恨みなんていうのは、そんなものはないですよ。

天雲　では、国レベルの恨みとか？

霊人Ｂ　「民族の恨み」だわな。

綾織　民族の恨み？　それは、「日本にかつて攻《せ》められた」という意味でしょうか。

霊人Ｂ　「攻められる」っていうのは、何て言うか、君は言葉を知らない人だなあ。

綾織　日本が入ってきた？

霊人Ｂ　うーん……。乱暴狼藉《らんぼうろうぜき》……。

斎藤　もしかしたら、〝お隣《となり》の国〟ですか。お隣の国の方でしょうか。

霊人Ｂ　まあ、怒《おこ》っとるわなあ。国民的に怒っとるわな。

天雲　女性ですか。

霊人Ｂ　うん？　いやあ、私は男性だけどな。私は男性ですけど。

綾織　中国に生まれていらっしゃいます？

霊人Ｂ　中国に生まれてらっしゃる……。何か敬語のように使ってくるな。うーん、よく分かんない。

綾織　中国の神様ですか。中国の霊的な存在ですか。

霊人B　うーん、もういっちょ分からんなあ。「中国の霊的存在ですか」って、中国には霊はいないんだよ。何言ってんの。

綾織　まあ、表向きはそうですね。

霊人B　中国には霊がいないんだよ。とにかく、「日本の神様が国づくりをした」みたいな話は、早く潰しとかないかんからな。

斎藤　なるほど。それで日本神道《しんとう》、高天原の神々を否定するということですか。

霊人B　だから、国之常立、天御中主《あめのみなかぬし》、天照大神《あまてらすおおみかみ》、この〝三匹《びき》〟は潰しとかないといかんわなあ。

綾織　では、天照様や天御中主様を潰すために、どうするのですか。

霊人B　それは別の部隊があるから、誰《だれ》かが考えとるだろう。（爆発《ばくはつ》後の山頂付近・火山灰が積もった御嶽《おんたけ》神社の写真を指しつつ）だから、信仰《しんこう》しなくなるだろ？　国之常立神を祀った神社があって、ここに行って弁当を食っとったら、みんな死ぬわけや。アハハハ！　ポンペイみたいになるわあ。

綾織　一般《いっぱん》的には、「国之常立神がお怒《いか》りなのかな」という印象を持ちますけどね。

霊人B　うん。それでもいい。それでも「祟り神」ということになる。

綾織　ああ、そうですか（苦笑）。

斎藤　とにかく、「神様を信じていると不幸が起きる」というような演出をしたかったわけですね？

霊人B　（身を乗り出して）そう、そう、そう、そう。おまえ、頭ええなあ。

斎藤　いえいえ。あなた様の心に同通して考えていくと、そういう狙《ねら》いがあるのかなと。

霊人B　ああ、そう。〝仲間〟〝仲間〟〝仲間〟なんだよ。

斎藤　〝仲間〟じゃありません（苦笑）。まずいレッテルを貼《は》らないでください。

霊人B　以心伝心だ。分かるんだなあ。霊能者《れいのうしゃ》と違うのかあ？

斎藤　いいえ。

「日本人の信仰心《しんこうしん》をなくさないといけない」と考えている

綾織　今後について、どのように考えられているのでしょうか。

霊人B　まあ、神社を祀ってるところに不幸を見舞《みま》いたいねえ。できるだけねえ。日本人の信仰心《しんこうしん》はなくさないかんですね。一回な。これは、やっぱり先の戦争が不徹底だったところだね。やっぱりなあ。

（自分は）ルーズベルトじゃないよ。言っとくけど。

天雲　噴火の原因は、「本の発刊」だけですか。ほかにもございましたか。

霊人B　まあ、「本の発刊」っていうのは、そらあ象徴的なもんだよ。だけど、君たちがだねえ、日本に〝地震《じしん》〟を起こそうとしてるわけだよな。あるいは、日本に〝噴火〟を起こそうとしてるわけだから。

綾織　いやいや。

霊人B　そういうことを自粛するように、今、自粛ムードを日本につくらなきゃいけないわ。君たちが活発にやればやるほど、悪いことや災《わざわ》いが次々といっぱい襲《おそ》いかかってくる。

綾織　日本人としての「自信」を取り戻《もど》します。

霊人B　「自信」を持ったら「地震」が出てくる。

綾織　いえいえ、それとは関係ありません。「本当の自信」です。

霊人B　「鳥居《とりい》なんか何の役にも立たん」っていうことを証明してるようなもんだからな。神様なんか何の力もない。

「独島《ドクト》」を守っている朝鮮《ちょうせん》民族の神を自称《じしょう》する

天雲　そうしますと、あなた様も〝ご出張《しゅっちょう》〟していらっしゃったのですか。

霊人B　うん？　〝ご出張〟？

天雲　はい。どこかから……。

霊人B　もともと日本なんていうのは、うちのもんや。何言ってるのよ。ぜーんぶ、教えたんだからなあ。刺青《いれずみ》した土人《どじん》がいっぱいいたところを文明化したのは、私らだからな。

斎藤　かつて、大川隆法総裁がフィリピン台風を起こした存在を招霊《しょうれい》されたら、「何千体ぐらいの龍神《りゅうじん》を司っている霊的生命体だ」と告白した霊がいます。フィリピンの台風を仕切っているハイエンという……（前掲《ぜんけい》『フィリピン巨大《きょだい》台風の霊的真相を探る』参照)。

霊人B　ああ、そう。フィリピンは今、やってない。わしはやってないわ。

斎藤　あなた様も神様や人間ではなくて、そういう霊的エネルギー体なのですか。それとも、龍神のような自然霊のお姿なのでしょうか。

霊人B　まあ、わしは主として、今、「独島《ドクト》」を護《まも》っとる者だからなあ。

斎藤　独島を護っている？　そういう気持ちなら、朝鮮《ちょうせん》半島の方なんですね？

霊人B　まあ、あれは死守せないかんからなあ。

斎藤　「島の意識」の存在なんですか。

綾織　ある霊人の霊言《れいげん》のなかでは、「朝鮮半島には神様がいなくなってしまった」という話もあります。

霊人Ｂ　いや、それは偏見《へんけん》や。全部神様で、おまえらが全部悪魔《あくま》なんだから。考え違いしてんだ。

綾織　独島、つまり「竹島《たけしま》」を護ってらっしゃって……。

霊人Ｂ　竹島なんて島はない！

綾織　私は日本人ですので。

霊人Ｂ　おまえたちが、勝手に分捕《ぶんど》って名前を付けた。

綾織　いやいや、逆です。それは逆です。「朝鮮半島にいらっしゃる神様」と言っていいのか、よく分かりませんけれども……。

霊人Ｂ　善良なる被害者《ひがいしゃ》である朝鮮民族を護りし、導きの神。

「韓国《かんこく》の初代大統領の霊《れい》」であることを認める

綾織　あなたは近代に生まれた経験がある方ですか。

霊人Ｂ　うん。まあ、そうかな。

斎藤　近代ですか。

霊人Ｂ　うん。

綾織　じゃあ、李氏《りし》朝鮮の最後のあたり……。（会場から「李承晩《りしょうばん》」という声が出る）

李承晩（1875～1965）
朝鮮の独立運動家で、大韓民国の初代大統領。「海洋主権宣言」に基づき、李承晩ライン（軍事境界線）を一方的に設定。いまだに韓国による「竹島」（韓国名「独島」）の不法占拠が続いている。

李承晩？

霊人B　（聴聞席を睨《にら》みつけながら）人の名前を勝手に言うなよ！

綾織　（会場から「金日成《キムイルソン》」という声が出る）金日成という声が出ましたね。

霊人B　いや、あれは違う。別口や。

斎藤　「李承晩ライン」の李承晩ですか。李承晩ラインを決めた人？

霊人B　うん。

綾織　では、日本に取られたわけではなくて、あなたが竹島を取ったわけですよね。

霊人B　あ、そうか（会場笑）。いや、それはもともと、うちのもんなんだ！

斎藤　あなたは勝手に、李承晩ラインを決めていたから。

霊人B　いや、もともと、日本も韓国《かんこく》のもんなんだよ。全部教えたんだ。韓国の植民地が日本なの。

「朝鮮《ちょうせん》語が日本に伝わって日本語になった」と言い張る

綾織　（韓国から）教わったものもありますが、日本から伝わったものもありますよね？

霊人B　朝鮮《ちょうせん》の言葉が、日本に伝わって日本語になったのよ。

綾織　いやいや、漢字が伝わる前から、日本には独自の言葉がありました。

霊人B　いや、それは間違い。その前から朝鮮語なの。

綾織　いえいえ。

霊人Ｂ　朝鮮語が日本に伝わったの。

綾織　日本はオリジナルの言葉があるのです。

霊人Ｂ　そのオリジナルの言葉が朝鮮語なの。これが、今のハングルになっとるんだ。ハングルのもとが、日本に渡《わた》って、日本のオリジナルの言語になって、そのあとに漢字が入ったの。

綾織　ハングルは、日本の統治時代に、日本が復活させたんです。

霊人Ｂ　いや、それは、昔、使ってた言葉を復活させただけなんだ。

綾織　それは日本の政策です。日本が復活させました。

霊人Ｂ　それは日本が嘘をついてんのよ。

綾織　いやいや、そんなことはありません。

霊人Ｂ　そんなことはない。日本にそんな力があるわけないよ。日本人の言語能力は世界最低なんだからさ。そんなことは絶対ない。ありえない。

綾織　これでは罵《のの》り合いになってしまいますので（苦笑）、やめておきます。

朝鮮《ちょうせん》半島から日本に渡来《とらい》した過去世《かこぜ》があるかもしれない

斎藤　近年、李承晩として生まれる前も、朝鮮《ちょうせん》半島にお生まれになられていたのですか。

霊人B　もちろん！

斎藤　韓国の歴史を守られた方というように理解していいですか。

霊人B　「神がおらん」っていう失礼なことを言い続けるおまえたちには、祟りが必要である。

綾織　なるほど。今、日本に祟りを起こしている？

霊人B　うん。だから、「日本の神様なんか屁《へ》でもない」っていうところを見せてやらないかん。

斎藤　コグリョ、すなわち「高句麗《こうくり》」辺りから歴史の流れができていますね？

霊人B　なんか、そういう名前を出されると、何となく嫌《いや》な感じがするなあ。具体的に出てくると。

斎藤　いえいえ。でも、実際に他にも「新羅《しらぎ》」とかいろいろ国があるではないですか。

霊人B　新羅とか嫌な名前だなあ。ほんと。

斎藤　そのあたりから流れている「怨念《おんねん》」のようなものが……。

霊人B　怨念は……。だから、「こちらが先進国だった」って言ってるんだから！　先進国として渡来《とらい》して、おまえたちに教えてやったの。全部な。天皇家にだって「血」を分けてやったのよ。

綾織　あなたご自身は渡来して来られたわけですか。

霊人B　うん？　ああ、私が渡来したかって？　〝神〟として来たことはあるかもしらんなあ、確か。

綾織　渡来人の方には立派な方がたくさんいらっしゃるので、それはそれでありがたいと思います。

霊人Ｂ　もう、何回でも聞きたいわ。繰《く》り返し、リピートして言えよ。

綾織　まあ、お互《たが》いに交流していますのでね。

朴槿恵《パククネ》大統領に「今こそ頑張《がんば》るときだ」と指導している

綾織　もし、朝鮮半島や韓国に責任をお持ちであるならば、もう少しご自身の国のほうを心配されたほうがいいです。

霊人Ｂ　まあ、独島ごときを偉《えら》そうに言うけどな、「日本全体が韓国のもんや」と言っとるのよ。

綾織　日本のことを言うよりも、今、自分の国のほうが経済的にも、安全保障上でも、極《きわ》めて危険な状態になっているわけですから。

霊人B　どこが危険なのよ。全然、危険なところはないよ。

綾織　いやいや。北朝鮮がかなり不安定な状態になっていますよね？

霊人B　そんなことはないよ。北朝鮮は核《かく》ミサイルで日本を攻めるんじゃないか。

綾織　それはそうかもしれませんが、それは韓国にとっても同じですよ。「日本の安全」と「韓国の安全」は同じです。

霊人B　いやあ、日本の謀略《ぼうりゃく》によってねえ、南北が今、裂《さ》かれてるのよ。南北の仲を悪くすることによって、日本が侵略《しんりゃく》されないようにしてる。日本には、そういう悪い謀略部門がある。それで南北の仲を悪くしてるのよ。両方に喧嘩《けんか》させようとしてる。もし、合体した場合、北朝鮮の核ミサイルが日本に向かうのは決まってるからね。

綾織　今、朴槿惠《パククネ》大統領にも……。

霊人B　指導をしていますよ。しっかり指導してますよ。もう気合い入れなきゃ。気合い、気合いだ。今こそ頑張《がんば》るときだから。今、頑張らないかん。

綾織　頑張って、何をされようとしていますか。

霊人B　だからなあ、「安倍《あべ》をお尻《しり》で踏《ふ》み潰せ」って言うて……。

綾織　では、朴大統領に慰安婦《いあんふ》問題を延々と言わせ続けているのは、あなたですか。

霊人B　「日本人の品性は下品だ」ということを言い続けないと駄目でしょう。プライドを持ったら最後、この国民は暴走するんだから。

「慰安婦《いあんふ》問題」をどのように見ているのか

綾織　でも、あなたご自身は、戦時中の慰安婦《いあんふ》問題について、どういう状態だったかよくご存じですよね？

霊人B　朝鮮の女性は若く、美しく、もうほんとスラッとした美人でね。日本人は足の短い不細工《ぶさいく》なのばっかりだから、そらあ、日本の男性は朝鮮人の女性が好きで好きでたまらんかっただろうなあ。それはそうだろう。欲望の塊《かたまり》に見えたねえ。

綾織　問題になっているのは、「強制連行や奴隷《どれい》的な扱《あつか》いは、実はまったくなかった」ということです。

霊人B　何言ってんのよ。国ごと取っといて、何を言うかあ！　マイナーなことじゃないか、そんな小さなことは。「強制連行」なんて、「強制奪取《だっしゅ》」や「強制国取り」をしてて、何を言うとるのよ。国を取られたあとは、何をされたってしょうがないんだよ。全部やったに決まってるじゃないの。

綾織　日韓併合《へいごう》は、国際法上でも合法的な併合ですので、やむをえなかったことです。

霊人B　銀行強盗《ごうとう》だろうが、政府泥棒《どろぼう》だろうが、何だってできるんだから。

綾織　併合は、朝鮮半島の安定のために、やむをえなかったということです。

霊人B　だから、反省……。（質問者の綾織を指差して）「ザ・リバティ」に、毎月、謝罪を書きなさい。謝罪を。「ごめんなさい、ごめんなさい」って、編集長が土下座《どげざ》しているシーンを、毎回、口絵に載《の》せたらええ。

綾織　一編集長がやっても、「何が正しいか」ということは変わりません。

霊人B　それで、「産経新聞は、朝日みたいになるべきだ」と。「朝日がなるべきじゃなくて、産経がなるべきだったんだ」っていうことを。

経済的に日本を追い越《こ》せなかったら「九州」を取りたい

綾織　朴槿惠大統領を導いて、今、韓国をどうしようとされていますか。

霊人B　韓国は今、ちょっと困ってはいるんだけど。まあ、ある意味では。

綾織　困ってますよね?

霊人B　まあ、戦略的に言って、ちょっと立てにくい関係には……。とにかく経済的には日本を追い越《こ》したいのは間違いない。それは間違いない。

綾織　それはお互いに競争なのでいいと思います。

霊人B　北朝鮮を吸収したら、日本を追い越せるかどうかは分からん。逆に貧乏《びんぼう》になる可能性もあるので、ちょっと微妙《びみょう》ではあるけども、絶対に追い越したいのは間違いない。追い越せない場合は、やっぱり、日本の領土だな。例えば、九州ぐらいは分捕ってやりたいねえ。はっきり言ってねえ。

綾織　それは無理だと思いますけれども。

霊人B　中国と挟《はさ》み撃《う》ちにすりゃあ、できるんじゃないかなあ。中国は沖縄《おきなわ》から来て、うちは北九州から行きゃあ、取れるんじゃないかな。九州ぐらい。

綾織　中国とは、まったく方向性は逆です。韓国は、日本と経済的にも、軍事的にも協力するかが大事です。

霊人B　国ごと取られたんだから、九州ぐらい取ったっていいだろう？

綾織　いえいえ。日本は今、韓国を護る体制にあるわけですよ。

霊人B　嘘だよそんなの。嘘に決まってるよ。

綾織　いえいえ。そんなことはありません（苦笑）。

霊人B　それはアメリカのご機嫌《きげん》をとって、〝尻尾《しっぽ》〟を振《ふ》って見せてるだけだから。

綾織　いえいえ。アメリカもそうです。

霊人B　護る気なんか全然ない。隙《すき》を見せたら、アメリカ軍がいなくなったら、すぐみんな従軍慰安婦になるんだ。

綾織　それだと、本当に北朝鮮に吸収されて終わりになってしまうのですが、それでいいんですか。

霊人Ｂ　「吸収される」って言ったって、金正恩《キムジョンウン》なんか足引きずって歩いてんだ。糖《とう》尿病《にょうびょう》と痛風《つうふう》でもうすぐ死ぬんだ。

綾織　それはそうかもしれません。弱体化していますよね。

霊人Ｂ　それで途絶《とだ》えるからね。まあ、働ける人だけをちょっと吸収してやるよ。

「朝鮮人《ちょうせんじん》解放の恩人」であるルーズベルトと会合している

斎藤　韓国は、「アメリカとつるんでいる」と言ったら変ですが、非常に歩調を揃《そろ》えてやっているように見えます。先ほど出てきた霊人（フランクリン・ルーズベルト）とも、連動しているのですか。

霊人Ｂ　まあ、あの方のおかげで、韓国は北朝鮮と割れたけれども、いちおう日本から独立できたからねえ。解放軍のあれだから、言わばリンカンみたいな人だわな。

斎藤　あの方をリンカンと？

霊人B　まあ、リンカンだわな。奴隷にされてた朝鮮人《ちょうせんじん》を解放してくれたんだ。ほんと恩人だよ。今は原爆なんか、十発も二十発も落としてかまへんねん。そんな「悪い国」は徹底的に叩かないかんのや。

綾織　何か直接的に会話をされているのですか。ルーズベルトと言われている霊的存在と会話はされているのですか。

霊人B　細かいなあ。

斎藤　これは重大な話です。

霊人B　君らは警察か。

綾織　先ほど、「シンジケート」という言葉も出まして……。

斎藤　つながりですね。ネットワーク。

霊人B　本当の高天原は朝鮮半島にあるからなあ。だから、「そこで会合してるかどうか」ってことだわな。

綾織　会合されている？

霊人B　まあ、ときどきな。

綾織　そのルーズベルトという人もたまに来る？

霊人B　うん。やっぱり、日本っていう国はノミみたいにピョンピョン跳《は》ねて、いろんなところで悪さするからねえ。「何とかして封《ふう》じ込《こ》めないかん」ていうのは合意してるんだよ。

「中国は震災《しんさい》か占領《せんりょう》のどちらかを起こすから、待っていろ」

綾織　先ほど、「中国とも連携《れんけい》」という話があったのですが、アメリカ、韓国、中国の三カ国で言うと、中国は〝誰〟になるのですか。

霊人B　ああ、だから、中国は次に、まだ何ぞ、日本に震災《しんさい》を起こしてくれるだろうから、待っとれ。

綾織　ああ、そうですか。

霊人B　うんうん。

綾織　震災を起こすのは、「霊的存在として起こす」ということですよね。

霊人Ｂ　震災を起こさなければ、占領《せんりょう》を起こすか。どっちかだ。

綾織　ああ、「軍事的な占領」か「震災」か。

霊人Ｂ　どっちかやるから。

綾織　ほお。

霊人Ｂ　担当が分かれてるから。

綾織　ああ、分担されている？

霊人Ｂ　うんうん。

「中国の最強時代」をつくるべく毛沢東《もうたくとう》が復活してきている

綾織　では、中国の方で、霊的によく連絡《れんらく》を取り合っている方というのは、どういう方なのですか。

霊人B　うーん……。名前を挙げると、まずいのかなあ……。

斎藤　ここでは大丈夫《だいじょうぶ》です。今、非常にフレンドリーな対話のなかなので（笑）。

霊人B　うーん。だから、中国は今ねえ、毛沢東《もうたくとう》が復活してきてるんだよ。

斎藤　毛沢東の復活！　確かに。

霊人B　うん、今、神として復活してる。

綾織　それついては、地上でも、習近平《しゅうきんぺい》主席が毛沢東に学ぼうとしています。

霊人Ｂ　うん、そうなんだ。今は、もう、〝完全合体〟しようとしてるから。

綾織　ああ、習近平主席と毛沢東が合体しようとしているのですか。

霊人Ｂ　うん、合体しようとしてる。

綾織　それは、「霊的に強い影響《えいきょう》を与《あた》えている」ということですか。

霊人Ｂ　うん、「最強の時代」をつくろうとしてる。今、「中国の最強時代」をもたらそうとしてるからな。毛沢東の意志を、今、習近平が完成しようとしてる。

御嶽山噴火《おんたけさんふんか》は「従軍慰安婦《じゅうぐんいあんふ》の仕返し」？

綾織　天上界《てんじょうかい》にいる毛沢東の意志としては、「震災を起こすか、占領するか」という流れなのですか。

霊人B　まあ、彼は兵法に長《た》けとるからねえ。神出鬼没《しんしゅつきぼつ》で、いろんな攪乱《かくらん》作戦はある。まあ、これ（御嶽山噴火《おんたけさんふんか》）なんかも、陽動《ようどう》作戦の一つではあるんだよね。あなたがたには、決して犯人が分からない作戦だよな、こういう作戦は。分からないだろ？

しかし、よくよく考えてみたら、やっぱり、これは、日本の草創期の神様への信仰を侮辱《ぶじょく》してるわけだから、従軍慰安婦《じゅうぐんいあんふ》の仕返しなわけよ。

綾織　うーん。まあ、慰安婦問題は、別に何もありませんでしたけれども。

霊人B　君らが、従軍慰安婦のところを完全に否定して、それを言ってるわしらのほうが嘘つきだと言って、一生懸命《いっしょうけんめい》に暴《あば》こうと宣伝広告を打ちまくっとるだろ？

綾織　いやいや、本当のことを明らかにしようとしています。

霊人B　そのお返しで、新聞の全面広告を打って打って、（聴衆席《ちょうしゅう》を見渡しながら）あの、〝はげちゃびん〟の社長かなんか、どっか、そのへんにいなかったか……。何か、（広告をたくさん）打っとるだろ？

斎藤　それは、幸福の科学出版の本地川《もとちかわ》社長のことですか。

霊人B　いや、それについては、しつこいから調べはついとるんだ。〝犯人〟の調べは、ちゃんとついてる。その代わりに、今、この〝はげちゃびん〟の上に、この白い灰を被《かぶ》せにかかってるわけですから。

綾織　うーん。

霊人B　うん、うん。「日本全体がこうなるぞ」っていうこと、「悪事を働いたら神の怒《いか》りに触《ふ》れる」ということを教えてるわけだから。

「日本の神様なんか守ってくれん。神様として信仰するなら、祟り神しかおらんのだ」ということが分かればいい。

韓国《かんこく》の繁栄《はんえい》を狙《ねら》っている中国を「完全には信じられない」

綾織　「陽動作戦」ということになると、やはり、あなたが、「毛沢東の指示と連携して動いている」という話になるのですか。

霊人B　まあ、「指示で動いている」と言われるのは……。いやあ、あそこだって、ちょっと欲が強いから、隙を見せたら分からんからな。それは、完全には信じられないわな。それは分からん。

綾織　微妙な関係なんですね。

霊人B　いやあ、（中国は）韓国《かんこく》の繁栄《はんえい》を狙《ねら》っとる。香港《ホンコン》を見ればねえ。うーん、あれだけ欲があるのを見れば、韓国だって、香港みたいなものだからなあ。「台湾《たいわん》」、

「韓国」、「香港」、この三つは欲《ほ》しいわな。

綾織　そうですね。

斎藤　香港などは、今、民主化要求のデモですごいではないですか。ものすごく反発していますよ。

霊人Ｂ　うーん。だから、それは、おまえらが焚《た》き付けたんだろ。

斎藤　ええ。学生も頑張っていますよ。

霊人Ｂ　いずれ、おまえたちの信者は全部検挙されて、〝逆《さか》さ十字〟で殺されるんだ、きっと。

「日本に文化を与《あた》えた神のような存在」と主張する霊人《れいじん》

斎藤　先ほどから、「日本は自分たちの国だった」とか、「日本は本当に低い国だ」などと言っていますが、昔の、もっともっと大きな歴史から見た場合、大川隆法総裁の霊査《れいさ》などによりますと、「一万年前には、ムー帝国《ていこく》など、さまざまな文明があった」という話もあります。

霊人B　まあ、嘘は、あとからつくるのは簡単だから。

斎藤　あとは、大川隆法総裁がおっしゃっていることですが、数学者の岡潔《おかきよし》先生という天才的な方が日本に生まれ、ヤスパースの言う「枢軸《すうじく》の時代」についてコメントしています。「二千数百年前には仏陀《ぶっだ》やイエス・キリスト、ソクラテスなど、さまざまな偉人《いじん》がいたが、日本にも、天照大神様や天御中主神様などといった立派な方が大勢いた。『枢軸の時代』のなかには日本も含《ふく》まれるのだ」というようなことを岡博士は語っていたと。

霊人Ｂ　いやあ、字もなかったくせに。穴蔵《あなぐら》生活をしてたよなあ。

斎藤　いや、いや、いや、いや。「十万年前から、すでに、そういうのはあると、岡潔博士が言っている」というような紹介《しょうかい》がございました。

霊人Ｂ　まあ、そういう国粋《こくすい》主義者の意見を聞いたらいけないのよ。そういう国粋主義者は、みな、変人だから。狂《くる》うとるからさ。

斎藤　いや、でも、そういう歴史的な真実から見たら、違うのではないですか。

霊人Ｂ　君ねえ、君たちから見れば、私は「日本の神」に当たるんですよ。

斎藤　えっ？　えっ？　日本の神？

霊人B　日本人に文化を与《あた》えたんだから。私は、日本に天下《あまくだ》りたる神なんですよ。天から降りた神みたいな存在なんです。

斎藤　でも、先ほどあなたは、リンカンのような、立派な、偉大な方にお仕《つか》えなされていると言っていましたし、神にしては、ずいぶん〝格下〟ではないですか。

霊人B　何言ってんの。おまえらは、まともな言葉も持ってなかったんだから。言葉を教えてやったんだからさあ……。

斎藤　文化、文明は、すべて、あなた様から流れ出ているということですか。

霊人B　全部、わしから来てる。わしが、全部、日本に教えたんだよ。

実際に「日本に教えたこと」とは何なのか

斎藤　例えば、どのようなことを教えたのですか。

霊人Ｂ　ええ？　だから、漢字なんか、全部、わしら経由で来たんだから。全部なあ。

斎藤　宗教は、どのような感じですか。

霊人Ｂ　宗教も、まあ、「儒教《じゅきょう》的なる考え方」のようなものを、ちゃんと伝えた。

斎藤　そうすると、やはり、あなたは儒教系の方なのですか。

霊人Ｂ　まあ、そうでもないけど。

斎藤　「そうでもない」ということは、全然違うではないですか（笑）。今、言葉を利用しているだけではないですか。

霊人Ｂ　でも、まあ、少なくとも、「うちの国を通《とお》ったんだ」っていうことは間違いない。

斎藤　国を通った？　単に「通過《つうか》した」ということですね。

霊人B　通ったんだ。

斎藤　うーん。だから「通っただけ」ということですね。それは、嘘ではありません。

霊人B　いやあ、だから、今で言う「ハブ空港」だ。

斎藤　「ハブ空港」として。なるほど。

霊人B　文明を〝輸出〟しとったんだ。おまえたちに漢字を教えてやったの。

綾織　それに関しては、「もう何万年も前から、日本語としての文字はずっとあって、そのなかで漢字を受け入れた」というだけですので。

「来年は日本全国一斉《いっせい》に〝謝罪の山〟にする」

綾織　それはそれとして、少しお伺《うかが》いしたいのは、今後、そういう〝シンジケート〟があるのか分かりませんけれども……。

霊人B　そら、包囲網《ほういもう》はあるよ。安倍が破ろうとしてるけど、絶対に破れないから。逆襲《ぎゃくしゅう》して、逆にあいつを絡《から》め取ったるから。もうすぐ。

綾織　来年は、戦後七十年など、いろいろとあるわけですが……。

霊人B　ああ、来年は、もうね、全国一斉《いっせい》で〝謝罪の山〟だから。

綾織　〝謝罪の山〟ですか。

霊人B　日本人、みんな、みんな謝罪。「やっぱり間違ってました」って。君ら（幸福の科学）は、「大本教パート2」になる。「大本教パート2」になって、大迫害《だいはくがい》を受けて、教祖は監獄《かんごく》行き、ね。君らは、もう、みんな刑務所《けいむしょ》行き。オウムみたいになるんだよ。ハハハハハー！　アーハ！（両手で質問者を指差しながら）これが君らの来年の運命だわあー！

綾織　それは、どうやってするのですか。

霊人B　ああ、これが御嶽山噴火の意味なのだー！　アハハハハハハア！　ざまあみろ。ざまあみろ、ざまあをみろ。

綾織　その話には、つながりがないのですけども（苦笑）。

霊人B　アハハハ……。本当に愉快《ゆかい》……。産経の社長も、そのうち逮捕《たいほ》されるな。アハハハハハハ……。

綾織　産経に関しては結構ですが、そこが、少しつながらないんです（苦笑）。来年は何をします？

霊人Ｂ　だから、今、盛り返しているようであって、それが全部、引っ繰り返るわけよ。

君らが証拠《しょうこ》を集めてやってるやつを、ぜーんぶ引っ繰り返されて、大川隆法は、もう、国家転覆《てんぷく》を狙っていた大詐欺師《だいさぎし》、希代《きたい》の大詐欺師、日本始まって以来の大詐欺師として告発されて、火あぶりか何かにかかって死ぬんだよ。わしらはみんな、わざわざ日本にビザなし渡航して、石をぶつけるんだ。うーん。気持ちいいなあ。

綾織　「国民の世論《よろん》を変える」ということをおっしゃっているのですか。「やはり、日本は犯罪国家なんだ」という世論を、あなたたちのプランとして、何か、つくっていくんですか。

霊人B　そら、そうでしょう！
いや、だから、わしらは先生なんだからなあ。その女教師に対して暴行を振るうような、坊主刈《ぼうずが》りの、丸刈りの工業高校の男子生徒みたいなやつは、断じて許せん！だから、それは、鉄拳《てっけん》制裁しかありえない！

綾織　そのようなことは、全然ありませんでしたが。

なぜ「幸福の科学による日本神道《しんとう》の復活」を強く拒絶《きょぜつ》するのか

綾織　では、今後については、何を考えています？　何を計画していますか。何をやらんとしていますか。

霊人B　うーん。だからねえ、安倍の頑迷《がんめい》なのがよく分からないんだけども、おまえらが、何か取り憑《つ》いとるらしいということは、ちょっと分かってはいる。この取り憑いてるやつを削《そ》ぎ落とさないといかんわな。
それを削ぎ落とすためには、やっぱり、「日本が神に護られている国ではない」っていうことを証明していかなきゃいけないわけだねえ。

斎藤　なるほど。「不安」と「恐怖《きょうふ》」を与えて、信仰心的なところを、もっと、さらに削ぎ落としたいということですか。

霊人Ｂ　とにかく、今までの、仏教のふりをしたり、ちょっとキリスト教のふりをしたりしてたうちは、まだよかったんだけども、やっぱり、最近になって、日本神道《しんとう》のほうが顔をいっぱい出してき始めたから。これは、もう、要警戒《けいかい》。「警戒レベル五」まで上がってきたからね。これは、何としても、このへんで「邪教認定《じゃきょう》」させないといかんから。

斎藤　幸福の科学が日本神道に踏み込んできて、それが復活してきたような感じになってきたことを、今、非常に警戒されていますよね。

霊人Ｂ　まずい！　これはいかん！

斎藤　まずいですか。なぜ、そこまでまずいのですか。

霊人B　キリスト教ならいいんですよ。キリスト教なら日本を悪にできるし、仏教だったら、「憲法九条を守る会」で、そのままやれるから、別に構わない。だけど、日本神道はいかん。日本神道だけはいかん。

斎藤　なぜ、そんなに駄目なのですか。

霊人B　うーん、これは、好戦的だから。

斎藤　好戦的ですか。

霊人B　うん、だから、もうねえ、槍《やり》を持って走る、アフリカの狩猟《しゅりょう》民族と一緒《いっしょ》なんだ。

天雲　「日本創世の神がいた」ということが駄目なのですか。

霊人Ｂ　そういうものはいない。「蛆虫《うじむし》しかいなかったんだ」っていうことを知りなさい。

「君らは嘘《うそ》つきだ」と幸福の科学の活動を邪推《じゃすい》

綾織　これは、単純な日本神道の復活以上に、「日本神道自体の再評価」ですよね。

霊人Ｂ　うん。それを、君らはやり始めたでしょ？

綾織　はい。

霊人Ｂ　だから、君らは嘘《うそ》つきなんだ。最初は仏教のふりをしたり、キリスト教のふりをしたりして騙《だま》しといて……。

綾織　いやいや。当会は仏教の正統な流れを汲《く》んでいます。

霊人B　さんざん勢力を大きくしておいて、とうとう最後には〝日本神道カード〟を切ってきて、政権と一体化して、近隣《きんりん》の国を折伏《しゃくぶく》して乗っ取ろうとしてるんだろう？

綾織　乗っ取りはしません。

霊人B　それで、アメリカまで乗っ取ろうとしてる。この野心には、もう、「ヒットラーの再来ここにあり」っていう感じがある。

綾織　いえいえ。

霊人B　もう、これは潰さなきゃ、絶対に駄目だ。

綾織　今の世界の問題は、「中東の問題」と「中国の問題」なので、そのために、何とか平和をもたらそうとしています。

霊人Ｂ　いや、君らは上手だなあ。あちらのほうに話をふって、戦争をあちらで起こしてる。本当は日本で戦争が起きなきゃいけないのに、あっちで起きてんのな。うーん。やっぱり、日本は、本当、戦わなきゃいけないときだろうな。

綾織　うーん。

霊人Ｂ　戦争はあちらで起こして、〝ガス抜《ぬ》き〟をやってる。実に巧妙《こうみょう》だねえ。

3　戦後七十年に向けた「反日活動」構想を明かす

〝大物〟が狙《ねら》う「富士山《ふじさん》の噴火《ふんか》」が起こるまでのメカニズム

綾織　一般《いっぱん》的にも少し警戒《けいかい》されているのが、「（御嶽山《おんたけさん》の噴火《ふんか》が）富士山《ふじさん》の噴火にもつながるのではないか」ということです。

霊人B　そらあ、狙《ねら》ってるでしょうなあ。それは〝大物〟が狙ってると思うなあ。

綾織　〝大物〟ですか。

霊人B　まあ、私は「独島《ドクト》（竹島《たけしま》）の神」だから、大したことないけども、もっと〝大物〟が狙ってるだろうな。たぶんな。

綾織　〝大物〟が。

霊人Ｂ　富士山を狙ってるだろうな。きっとなあ。

斎藤　他国の方々が、日本固有の神域《しんいき》のようなものに影響《えいきょう》を与《あた》えることはできるのですか。

霊人Ｂ　フン（笑）。そら、「力比べ」だからな。

斎藤　「力比べ」なんですか。それは、メカニズムとしては、どのようなことが起きているのですか。

霊人Ｂ　まあ、人口が違《ちが》うからな。大きな国は、やっぱり、「念」が強いよなあ。

斎藤　ああ、大きい国だと、そういう「念」が集まってきて……。

霊人B　念が強いわな。やっぱりな。

斎藤　なるほど。そういう意味では、人口の少ない韓国《かんこく》は不利ですよね。

霊人B　うん、うん、うん。だから、まあ、中国なんかは人口は多かったけど、経済的に貧しかったから、今まで、日本に、念力戦《ねんりきせん》で勝てなかった。だけど、経済的に逆転したじゃない。

ねえ？　それで、もう、アメリカに追いついて、追い越《こ》そうとしてるところだからなあ。そうしたら、世界一も、もうすぐだ！　もう数年で世界一になるからさ。そしたら、もう日本なんか、当然、ひれ伏《ふ》すわな。念力戦で全然勝てないから、日本の神様は、みな奴隷《どれい》になる。

天変地異が起きる「要因」と「タイミング」とは

斎藤　お話を伺《うかが》っていますと、天変地異の関係につきましては、「神々の世界への念《おも》いだけではなく、人間の持つ、地上の想念《そうねん》の集合体のようなものが、大きな影響を与えている、その要因になっている」という点が、少し窺《うかが》えるのですが。

霊人B　うーん。そうだねえ。

斎藤　それも、大きな要因の一つなのですか。

霊人B　まあ、まだ日本では左翼《さよく》運動が続いているから、ああいう〝平和勢力〟があるかぎり、日本は守られていると思うけども。

斎藤　いや……（苦笑）。

霊人B　ああいう〝平和勢力〟が弱ってきたときには、そういう祟《たた》りがいくらでも起きるようになる。こういうのは、〝平和勢力〟が弱ってきたことに対する「神の怒《いか》り」「神罰《しんばつ》」なわけだから。

斎藤　いや、いや、いや。つまり、「日本を守ろう」「本当に独立しよう」と思うときこそ、あなたが本当に日本を〝攻撃《こうげき》〟しなければいけないタイミングが来ているということですよね？　そのときが、あなたにとって非常にまずいわけですよね？

霊人B　だから、日本人は、信仰《しんこう》において、「日本には祟り神しか存在しないんだ」ということを悟《さと》ればいいわけですよ。「真なる愛の神は外国にいるんだ」と。

斎藤　なるほど。ある面で、マイナスイメージ、ネガティブキャンペーンを張ろうとしているわけですね。

霊人B　うーん。まあ、「日本の神様なんかにいくら祈《いの》っても、祟りばっかりやってくる」ということを知れば、よろしい。

「日本に起こる天変地異は、世界の警告」と言い張る

斎藤　やはり、自国の「本当の歴史」が分かったり、誇《ほこ》りを持ったり、国を守ろうとしたりするものがあると、そちらには、非常に抵抗《ていこう》があるわけですか。

霊人B　何？　全然聞こえない。

斎藤　「本当の歴史」が分かったり、自国の誇りを持ったりと……。

霊人B　「本当の歴史」って、君、何を先入観に持って言うてんの？　ほんまに。

斎藤　いやいや。ですから、先ほどから何度も言っていますように、アイリス・チャンの霊言《れいげん》などから、南京大虐殺《ナンキンだいぎゃくさつ》や従軍慰安婦《じゅうぐんいあんふ》はなかったということが……。

霊人B　わしは、嘘《うそ》つきは嫌《きら》いだ。

斎藤　霊的な調査によって真実が明らかになっている現在、「そのようなものの情報があったとき、どう思われますか」ということですから。

霊人Ｂ　だから、神の祟りはどこに落ちたのよ？　それは、日本に落ちたんだよ。ね？　日本人を殺すほうに、神は頑張《がんば》ってんのよ。

それは、「君らが嘘つきだ」っていうことに対する反省を求めてるわけ。「嘘をつけば、何回でも、こういう祟りは起きる」と言ってるわけだから。な？

だから、どっちが間違ってるかは、はっきりしたじゃない。これについては、天変地異がちゃんと起こしてるわけだからね？　東日本大震災《だいしんさい》なんかも、日本が悪い方向に行こうとしていることに対する、世界の警告なわけよ。

綾織　あなたは、それにはかかわっていないんですよね？　かかわっているのですか。

霊人Ｂ　まあ、それは……、中国が日本を乗っ取ろうとしているときに起きた事件であるので、ちょっと、東北のやつは、直接ではないがなあ。

毛沢東《もうたくとう》が目指しているのは「世界帝国《ていこく》の建設」

綾織　最後に、「毛沢東《もうたくとう》が習近平《しゅうきんぺい》と一体化し始めている」ということについてお訊《き》きしたいのですが、毛沢東が考えていることというのは、何なのですか。今、何をしようとしていますか。

霊人B　まあ、「世界帝国《ていこく》の建設」でしょうね。

綾織　ああ。それをつくりたい？

霊人B　君らも、なんか、世界帝国を目指してるんだろう？

綾織　いえいえ。世界帝国ではありません。

霊人B　そういう野心は、やっぱり、潰《つぶ》さないといかんわなあ。思想的に世界を洗脳しようとしてるんだろう？

綾織　いえいえ。そんなことはありません。「正しい思想」を普及《ふきゅう》しようとしているだけです。

霊人B　「朝鮮《ちょうせん》半島には神様がいない」とか、そういう悪い思想を流布《るふ》させて……。

「独島《ドクト》の神」は朝鮮《ちょうせん》半島に対する責任を持っている？

綾織　でも、あなたは、先ほど、「独島《ドクト》の神」とおっしゃっていたので、竹島の部分だけなんですよね？

霊人B　まあ、象徴《しょうちょう》的にはな。象徴的には、そういう……。

綾織　実は、朝鮮《ちょうせん》半島には責任を持っていないのではないですか。

霊人B　（竹島は）朝鮮半島の最先端《さいせんたん》で、今、日本と相対峙《あいたいじ》して力比べしてる、この、いちばん出っ張ってるところだよな。

綾織　ああ。そこにいらっしゃるんですよね？

霊人B　うんうん。

綾織　実は、朝鮮半島には、責任を持っていない可能性があるんですよね？

霊人B　独島を守るかぎり、朝鮮半島は守られるわな。

綾織　ああ。では、竹島にずっといらっしゃるのですか。

霊人B　うん。独島が守られたら、朝鮮半島は取れないだろう？

綾織　うーん。

安倍《あべ》政権発足《ほっそく》後に起きた天変地異の霊的《れいてき》理由とは

斎藤　もう時間もないのですが、あと、もう一つお訊《き》きしたいことがあります。村山《むらやま》政権時代が一九九四年に発足《ほっそく》し、阪神《はんしん》・淡路《あわじ》大震災が発生しました。そして、その次には、最近ですが、二〇〇九年に民主党政権の時代が始まり、そのときにも、三・一一、東日本大震災が起こりました。

そうした、「日本に信仰心なきときに、または、そういう自国の誇りを失ったときに天変地異が起きる」ということは分かるのですが、今、また新たに違った政権となり、日本を守る誇りを持った政権があるのにもかかわらず、こういうことが起きているというのは、どういうことなのでしょうか。

霊人B　うーん、だから、今、君たちを〝削《そ》ぎ落としたい〟わけよ。夏以降の動きが不愉快《ふゆかい》だから、広島だとか御嶽山だとかに起きてるんじゃないの？

斎藤　不愉快とは？

霊人B　これらに続いて、まだまだ起きるんじゃないの？　不愉快だから。

天雲　先ほどの、広島の水害についての霊言では、「日本が反省モードに入っているときに狙ってきた」と言っていましたが、こちらの御嶽山のほうは、何か霊的な歪《ひず》みのようなものがあったのでしょうか。

霊人B　まあ、これは、富士山が噴火する前兆として脅《おど》してるんじゃないの。

天雲　ああ、脅しですか。

霊人B　うんうん。それは、最後は富士山でしょう。（両手を大きく広げて火山が噴火するような仕草をする）やっぱり、富士山が激しくパーッと炎《ほのお》を上げて、もう、関東まで灰で埋《う》めてくれたら、気持ちええやろうなあ。

「日本を最後に追い込《こ》もうとする神の正体」を追究する

綾織　それをやらんとしているのは、どなたなのですか。

霊人Ｂ　わしの力じゃ、ちょっと足りない。そこまではできん。

斎藤　（苦笑）謙虚《けんきょ》ですね。それは、自分としては分かっているんですね。

霊人Ｂ　そこまではできんのやけどな、まあ……。

綾織　それは、今、どなたがやろうとされていますか。

霊人Ｂ　いや、それは明かしちゃいかんでしょう。〝ルパン三世の顔〟を明かしてはいかんのだよ。な？

斎藤　（笑）もう本当に時間もないので、その方について、お教えいただけますか。

霊人Ｂ　うーん。

斎藤　やはり、中国に生まれている方ですか。

霊人Ｂ　ええ？　まあ……。うーん、〝斎藤哲秀《てつしゅう》の神〟っていうのがいる……。

斎藤　そうではなくて（会場笑）、中国の神様ですか。「日本を最後に追い込《こ》もうとする神」というのは。

霊人Ｂ　まあ、それはそうでしょうよ。それはそうなんじゃないの？　「富士山が噴火して喜ぶのはどこ」ってなったら、それは、そうでしょう。まあ、中国に進出している日本の企業《きぎょう》なんか、全部、乗っ取られるからね、当然。

「聖域《せいいき》である富士山《ふじさん》を侵《おか》せば日本は終わる」

斎藤　富士山《ふじさん》というのは、神域《しんいき》・霊域《れいいき》で、非常に神々の……。

霊人B　だから、これを侵《おか》してしまえば、日本はだいたい終わるのよ。

斎藤　いえ。ここは、本来、悪が寄せ付けられないほどの聖域《せいいき》なんです。

霊人B　うーん。いや、だいたい、国之常立神《くにのとこたちのかみ》なんていうのは、もう、灰で被《かぶ》せて、火山弾《だん》を降って降って、人を殺したって、誰《だれ》にも止められないのは、これでばれただろう？

〝次〟の富士山は、木花開耶姫《このはなのさくやびめ》あたりか何かを祀《まつ》ってるんじゃないか。

斎藤　そうです。浅間《せんげん》神社もあり、木花開耶姫ですね。

霊人B　ああ、ここも、噴火したら、全部終わりや。だからねえ、君らの、あのインチキアニメ映画？　あんなのはぶっ飛ばしてやるからね、本当ねえ（注。二〇一二年公開の映画「神秘の法」〔大川隆法製作総指揮／二〇一二年公開〕では、木花開耶姫の登場や富士山噴火のシーンがある）。

綾織　あなたご自身も、今の日本において行われている歴史観のさまざまな見直しで、だんだん〝下〟に引っ張られているのですか。

霊人B　そうなの。危ないのよ。

だから、日本の自衛隊もないときに、わしが作戦を取って、勝手に独島を韓国領としてラインを引いて侵略《しんりゃく》したように言うとるんだろう？　おまえら。それは間違いだ。もともと竹島……、じゃない、いやいや、間違った。独島《ドクト》は韓国のものなんだから。

綾織　それについて、何度も説明はしません。あなたご自身は、今は地獄《じごく》ではないのですか。

霊人B　韓国には天国しかないんだよ。神様の世界しかないんだ。地獄なんていう存在は日本にしかないんだよ。

綾織　とにかく、日本の歴史観の見直しによって、あなたは下の世界に引っ張られているわけですね。

霊人B　地獄は日本にしかない。

朝鮮《ちょうせん》半島から日本に〝偉大《いだい》な文化〟を伝えた過去世《かこぜ》

綾織　李承晩《りしょうばん》の前というと……。

霊人B　「先生」ぐらい付けたらどうだい？　先生に頼《たの》むんだから。

綾織　「先生」でもいいですけれども（笑）。

斎藤　それでは、偉《えら》そうに「先生」をお付けしましょうか、便宜《べんぎ》的に。

霊人B　うん。

綾織　朝鮮《ちょうせん》半島に生まれていらっしゃるのですか。

斎藤　李承晩先生から「魂《たましい》の歴史」を勉強させていただけるとありがたいですね。

霊人B　まあ、過去、日本に恩恵《おんけい》をもたらした人を探せばいいよ。日本に来てやったことはあるんだよ、昔な。うん。

綾織　おお、そうですか。それは奈良《なら》時代とか？

霊人B　昔、日本に偉大《いだい》なる文化をもたらしたことがある。まあ、そういう人だ。

斎藤　白頭山《はくとうさん》などは関係ありますか。

霊人B　白頭山は……、直接……。

斎藤　関係ない？

霊人B　ああ、昔々の大昔の話か？　昔々の大昔ということであれば、まあ、いろんな神様が登場してるからなあ。

斎藤　ああ、そちらが起源ですね。分かりました。

霊人B　それはまあ、名乗ってもええけど、今、向こうは、ちょうど北朝鮮のようであるので、ちょっと具合が悪い。

斎藤　一瞬《いっしゅん》、「名乗ってもいい」と思われましたよね?

霊人B　だけど、(現在は)北朝鮮領であるからして……。うーん、合併《がっぺい》したときはそれでもいいんだけどな。今はちょっとまずい。神様でいて、領地を取られているっていうのは、ちょっと具合が悪い。

斎藤　いや、過去世においては、おそらく王様でいらっしゃいましたよね。たぶん王様だ。

霊人B　いやあ、まあ、北朝鮮、まだ取ってないから、取ってから言うわ。うん。

斎藤　いやいや、でも、本当は王様ですよね。王様の顔の雰囲気《ふんいき》がありますよ。

霊人B　いやいや、神様、神様。

斎藤　では、日本に恩恵をもたらした人とは誰ですか。

霊人B　うん？　だから、日本人がもう、頭の上がらん人だ。

斎藤　誰ですか。

霊人B　ああ、分からんか。おまえ、勉強したことないのか。おまえら勉強しとらんもんなあ。君らに日本史を選択《せんたく》した人はおらんのか。ええ？

斎藤　すみません。ヒントだけでも……。

霊人B　そのころに、朝鮮半島から日本に偉大なる文化をもたらした人がおる……。

綾織　お坊《ぼう》さんですか。

霊人B　うん？　うーん。まあ、近いかなあ。

綾織　仏教絡《がら》みですか。

霊人B　うーん……。ずばり、「仏教」と言っていいかどうかは分からんなあ。

斎藤　仏教ではない。宗教絡みですか。

霊人B　「言葉」を伝えたな。

斎藤　言葉を伝えた……。誰だろう？

霊人B　博士《はかせ》。

斎藤　あ、博士？

霊人B　うん。「博士」と付くもんだと思ってくれ。うんうん。

綾織　なんかありますよねえ。すみません。名前が出てきません。

霊人B　どうせ忘れとるだろ？　まあ、いいよ。

斎藤　〝何とかの和邇《わに》〟とか……、何ですか。

霊人B　ハハハハハ。君らの教養では無理かもしらんなあ（注。日本に渡来し、儒教や漢字を伝えたとされる人物は、いずれも百済《くだら》出身で、五世紀前半に論語と千字文《せんじもん》を伝えたとされる和邇吉師《きし》（王仁《わに》）や、六世紀に儒教の五つの経典を伝えたとされる、段《だん》楊爾《ように》ら五経《ごきょう》博士などがいる）。

斎藤　あとで調査して、脚注《きゃくちゅう》などで紹介《しょうかい》させていただきます。すみません（笑）。

霊人Ｂ　まあ、とにかくだねえ、君たちに、チンパンジーに言葉を教えたようなもんなんだ。うーん。

斎藤　要するに、「言葉を教えた方」ということが、今、分かりました。

霊人Ｂ　うん、そうそうそう。

斎藤　なるほど。そういう業績をお持ちなので、先ほど、言葉にずいぶん……。

霊人Ｂ　ああ。だからな、言語学者的な面もあったということだな。うんうん。

斎藤　言語学者の面を持った方であって、日本に恩恵を……。

霊人Ｂ　うん。君たちは、「猿《さる》の惑星《わくせい》」のようにだな、人間の言葉をしゃべれるようになってきたわけだから。

斎藤　「漢字を伝えた」とか、そういうことですね。

霊人B　うんうんうん。

斎藤　分かりました。だいたい分かりましたね。

幸福の科学の本が世界に与《あた》える大きな霊的影響《れいてきえいきょう》

霊人B　とにかくだな、日本の神なんちゃ、こんなもんだから、本なんか出すたびに噴火するからな。覚えてな、覚えとれ。

綾織　「せめぎあいの最中《さいちゅう》にある」という現状は、非常によく分かりました。

霊人B　おまえんとこの、あんなちっこい会社の出版の社長なんかな、あんなつるっぱげ……、まだ、つるっぱげのちょっと前か。あんなのなんかに負けへんからな。幾《いく》らでも上から白い灰を撒《ま》いたるから。

綾織　若干《じゃっかん》、追い詰《つ》められているという状況《じょうきょう》も分かりました。

霊人Ｂ　（聴聞席の幸福の科学出版・本地川社長を睨《にら》みつけて）世界各地で（幸福の科学の）本を出すなよ！　もう、ほんとに。ええ？

綾織　それが嫌《いや》なのですね。

斎藤　つまり、幸福の科学の発信情報が、今のあなたにとって不利であると。

霊人Ｂ　もう、「日本」対「韓国」の戦いでいいんだから、外国を巻き込むな、ほんとに。売れもせん本を何カ国で売っとるんだ。もう反省しろ、反省。それ、世界の人が誤解するだろうが。ほんとに、なあ？

斎藤　大川隆法総裁のお説きになる「法」と、「霊言」が大きな影響《えいきょう》を与《あた》えて、あなた様を非常に〝危険な領域〟に追いやっていると？

霊人Ｂ　今、いっぱい誤解してんねん。幸いにして、日本人の本は売れんからええけども。

斎藤　当会の本がそうした力を持っていることが、よく分かる霊言となりました。

霊人Ｂ　韓国人発の本は、そんなに大して売れてないから、これから、日本の本、いっぱい売られたら困るんだから。

斎藤　これより、バンバン出していきます！　はい、分かりました！

霊人Ｂ　おまえらの編集能力は、もう、間違いだらけで売れないよ。

斎藤　大川隆法総裁は、一カ月で三十八冊発刊されるだけの、圧倒的なエネルギーを持たれています。

霊人B　三十八冊出しても、百冊しか売れんかったら、三千八百冊しか売れんから。職員が全部買っとんねん。

日本の神々に対して悔《くや》しそうにうそぶくのは復讐心《ふくしゅうしん》の表れ？

綾織　最後になりますが、もしかしたら毛沢東も地獄に行く可能性があるのですか。下のほうに引っ張られる可能性があるのですか。

霊人B　あれは幸いにして、今んところ、天国にいることになっとるらしいじゃないか。なあ？　あれは、〝大川隆法、最大の過《あやま》ち〟だろうなあ。うん。

綾織　いや、今の時点での検証としてはそうなっているのですが、それも下のほうに引っ張られることになるのですか。

霊人B　あんな、何千万人も殺しといて、天国に行けるわけがないだろう。

綾織　それは今後、検証しないといけないのですが……。

霊人B　君ねえ、あれほど手強《てごわ》い人間だったらね、本当のことなんか言うわけないじゃないの。ね？　富士山の噴火なんか狙ってるの、あいつに決まってるじゃないの。それ以外にいないでしょう。

綾織　ああ、なるほどなるほど。分かりました。

霊人B　あのくらいの力は必要ですよ。やっぱり、日本に復讐《ふくしゅう》したいんだから。その復讐の念が噴出するんだからな。木花開耶姫ぐらいで毛沢東に勝てると思うとるのか。勝てるわけないだろう？

綾織　いえいえ。日本の神々がたくさんいらっしゃいますので。

霊人Ｂ　ええ？　八岐大蛇《やまたのおろち》ぐらいで、中国の近代兵器に勝てると思っとるのか。八岐大蛇が空を飛んで、ええ？　君ら、あんな幼稚《ようち》なアニメをつくるんでないよ。もう、本当。香港《ホンコン》なんかで、あんなものをかけるなよ。ええ？（中国の覇権《はけん》主義を警告した予言映画「神秘の法」〔大川隆法製作総指揮／二〇一二年公開〕は、香港でも一週間、マカオを含む計六劇場で公開された）

綾織　いえいえ。日本の神々が揃《そろ》って、それと戦っていきます。

霊人Ｂ　香港なんか、もうすぐ中国が征服《せいふく》するから。

斎藤　いやいやいや。今、大川隆法総裁が「自由の革命」を起こしています。今、この「自由の革命」に立ち上がった民衆たちが、香港でも次々と蜂起《ほうき》し、中国を……。

霊人B　君らのオンボロ編集部とオンボロ出版社は、早く潰れなさい。

斎藤　いやいや、そうした「思想の間違い」を正していくような動きとなっています。

霊人B　もう、牛と競争するカエルでも、腹を裂《さ》けるんだ。悔《くや》しかったら、白頭山を噴火させてみい。やってみい。やれるもんならやってみろ、〝斎藤大明神《だいみょうじん》〟よ。ええっ？

斎藤　いやいやいや（笑）、私にそんな力はまったくありませんので。

霊人B　やってみい、ほらあ！　北朝鮮に灰を降らせてみい。

斎藤　そうした検討は、より高次な霊界《れいかい》で行われますので、〝お楽しみに〟してください。

霊人Ｂ　うん？　独島を噴火させてみい。ほらあ！　ああっ？

綾織　それもいいですね（苦笑）。もう時間となりましたので、すみません。

霊人Ｂ　そうか。まあ、いいや。

斎藤　はい、ありがとうございました。

4 広島大水害と御嶽山噴火《おんたけさんふんか》の霊査《れいさ》を終えて

「日本神道《しんとう》の復活」を妨害《ぼうがい》する勢力とは

大川隆法　（二回手を叩《たた》く）うーん。今日は、まったく予想外でした（一回手を叩く）。こんなことがあるとは思っていませんでした。

私も、「日本の神様が怒《おこ》っているのだ」と思っていたのですけれども、こういう手口もあるということですね（手を数回叩く）。要するに、これは神道《しんとう》系への〝信仰妨《しんこうぼう》害《がい》〟だったのですね。

綾織　はい。

大川隆法　「広島の災害は、先の戦争に原因があり、『広島を中心とする左翼《さよく》平和主義的な流れを変えさせたくない』ということで罰《ばち》を与《あた》えた」ということでした。

これは、「日本神道の復活」に対するアンチテーゼとして、「おまえらの神様など、力がないんだぞ」ということを何かやりたかったようです。そのシステムはよく分かりませんが、確かに、神社に力がないように見えるのはよくありませんね。山の上から石が降ってきて、そこにいた人たちに当たって死んだということで、困っているわけでしょう。

つまり、日本のことが自由にならないために、「わしらのほうが先生だから、帰依《きえ》せよ。反省せよ」と言っているわけです。今、従軍慰安婦《じゅうぐんいあんふ》問題を乗り越《こ》えて、「昔の先祖伝来の学問も朝鮮《ちょうせん》半島からもらったんだから、その部分までまとめて感謝して、もう一回土下座《どげざ》しろ」ということのようでありました。

今、〝次の弾《たま》〟も、続々と考えているということでしょうね。

綾織　なるほど。

大川隆法　竹島《たけしま》を取られるのが嫌《いや》なのも、「これを護るかぎり、日本の侵略《しんりゃく》はありえない」と考えているからです。

竹島は韓国《かんこく》軍が侵略した部分なので、その部分については攻《せ》めていることになるのでしょう。かつて日本に国中を取られたのを、「島一個取り返した」ということで、侵略気分を味わえているのです。これで、今、彼らの戦意高揚《こうよう》が成り立っているわけですね。

そういう意味で、非常に象徴《しょうちょう》的なことなのだと思います。そんなところでしょうか。

「文化的な戦い」のなかで表舞台《ぶたい》に出るものがガラリと変わる

大川隆法　韓国のほうも、神社を建てたいのに、あちらには神社がないわけです。〝竹島神社〟を建てたいところなのでしょうが、そういうものは特にないのですね。

斎藤　はい。

大川隆法　国之常立神《くにのとこたちのかみ》についても、「艮《うしとら》の金神《こんじん》」風に、祟《たた》り神だと思わせたいようでした。

次は富士山を狙《ねら》っているのですか。うーん、これは大変だ。

なぜか、当会のアニメ映画（映画「神秘の法」）まで知っていました。なぜ知っていたんだろう？　あれには、確か、八岐大蛇《やまたのおろち》が出てきますよね。

斎藤　過去には、中国のテレビで当会の映画が放映されていたときに、突然ブラックアウトして消えてしまったりした事例もありましたので、あちらもよくウオッチしてチェックしていると思います。

大川隆法　ああ。でも、「文化的な戦い」をしているのは事実です。香港《ホンコン》にしても、きっと当会の会員がしっかりと〝暴《あば》れて〟いるのでしょう。

綾織　「歴史の見直しによって、霊界《れいかい》の秩序《ちつじょ》も変わっていく」というところが、非常に大きなところです。

大川隆法　おそらく変わるのだと思います。舞台《ぶたい》がガラッと回転して、表に出る部分が変わるのでしょう。

戦後七十年に向けて、霊的《れいてき》に「大きな力比べ」が続いている

大川隆法　確かに、来年（二〇一五年）の戦後七十年に向けて、また大きな「力比べ」が続いているのですね。

当会がやっていることは知っていて、正面からはまだ攻撃《こうげき》できないでいるところを、

宗教的なところ、霊的《れいてき》なところで、何か撹乱《かくらん》しようとしているのです。彼が実行犯なのかどうかは分かりませんが、何らかのつてがあるのでしょう。

綾織　なるほど。内応しているということもあるのでしょうか。

大川隆法　何らかのつてがおありなのでしょう。どういうつてでやっているのかは、いまひとつ分からないのですが、何らかのつては使っていると思います。

斎藤　当会の出版物が、世界にどんどん広がっていくのを非常に嫌がっていましたので、この思想が広がることを非常に嫌悪《けんお》していると思います。

大川隆法　斎藤さんの神よ、白頭山《はくとうさん》の噴火《ふんか》を……。

斎藤　いえいえいいえ（会場笑）。幸福の科学出版の本地川《もとちかわ》社長が非常に頑張《がんば》っておられますので、ますます発展して広げていければと思います。

大川隆法　あれは「ンダガヤの神」ですかね（二〇一二年六月十三日法話「ウガンダ霊界事情――ウガンダの神とは誰《だれ》か――」で呼び出されたアフリカの神）。こういうものがアフリカで出てきたら、「おまえらのせいでエボラ出血熱が広がった」などと、本当に言いかねない感じでしょう。

「自然科学に対する霊的《れいてき》な影響《えいきょう》」については、さらに研究が必要

大川隆法　それにしても、少々予想外の内容でした。

この世的な意味では十分に説明のつかない部分ではありますが、いろいろと聞いてみるかぎり、霊的《れいてき》には、自然災害が起きる原因として、「何らかの魂《たましい》的な核《かく》になるようなものがいるらしい」という感じは分かります。

そういうものに「集合想念《そうねん》」あるいは「怨念《おんねん》」のようなものか何かが集まり、転生《てんしょう》輪廻《りんね》ではありませんけれども、ハリケーンや台風などの〝魂の核〟から、その一部が出ては消え、出ては消えしているのかもしれません。

何だか、来るときには、やたらと来ますからね。どちらが仕掛《しか》けているのかは分かりませんが、いろいろとやっているようです。

実を言うと、今年は中国のほうへ行った台風もたくさんあるのです。あちらのほうへもかなり行っていて、水害を受けています。

いずれにせよ、まだ十分に解明し尽《つ》くせないところもありますが、「自然科学の部分に、霊的な影響《えいきょう》はどこまで及《およ》ぶのか」ということについては、まだ十分に解明できていませんので、幸福の科学大学の未来産業学部で研究してくだされば結構かと思います。

先ほどモーセの話もありましたが、川が赤くなるというのは、土石流並みの洪水《こうずい》などで赤土が流れてくるようなことがあったのでしょうし、イナゴが大量に発生したりもしています。

昔から、「自然災害は天意と関係がある」とは言われていましたが、いったいどういう力が働いているのか、天上界《てんじょうかい》かどうかは分からないけれども、霊界でもいろいろな力比べが起きているのかもしれません。

幸福の科学出版の本地川社長も狙われていますね。出版と編集に、「もうそろそろ倒《たお》れろ」と言っているのでしょうか。これはそうかもしれません。しかし、〝灰〟を払《はら》いのけて、また戦うしかないでしょう。

やや怪《あや》しげな結論になりましたが、意図して呼んだわけではありませんので、しかたがありません。

今まで、通常は名指しして呼んでいましたが、今回は名指しをせず、全方位に向けて、「関係のある方は出てきてください」と呼んで出てきたのが、どうも、ルーズベルトに関係のある方と、竹島を韓国に編入なされた方のようでした。

それがどこまで事実かは知りませんが、「広島水害と御嶽山噴火《おんたけさんふんか》に関係がある」として、向こうのほうから出てきたので、そういう思いを持っていることは確かでしょう。

現実に、そういうことを起こすのに、どのようなプロセスを経《へ》ているのかという部分については、解明が十分ではありませんけれども、とにかく、「何らかの意味で日本を侮辱《ぶじょく》する気があった」ということは言えるでしょう。

それでは、以上にしましょうか。

斎藤　ご指導、まことにありがとうございました。

あとがき

私は最初、安倍首相が八月十五日に靖国参拝しなかったことや、従軍慰安婦に関する新談話を発表しなかったことで、日本の神々のうち、どなたかが腹を立てられたのかと思っていた。

しかし霊査の結果、とんでもない敵が現れてきた。日本原罪論と、戦後戦勝国体制の固定化を願っている者の強烈な想念が、日本に災害をもたらすということもあるらしい。ましてや、朝日新聞誤報事件で朝日包囲網をつくられたため、「朝日の神」（?・）が怒ったわけでもなかった。

災害の霊的原因と物理的メカニズムの「原因と結果の法則」は、まだ十分に明らかにはなっていないが、古代からの宗教観はそれを匂《にお》わせるものが多い。何事も唯物論だけで物事を考えるのは誤りである。

二〇一四年　十月二日

幸福《こうふく》の科学《かがく》グループ創始者兼総裁《そうししゃけんそうさい》　大川隆法《おおかわりゅうほう》

『広島大水害と御嶽山噴火に天意はあるか』大川隆法著作関連書籍

『フィリピン巨大台風の霊的真相を探る』（幸福の科学出版刊）
『マッカーサー 戦後65年目の証言』（同右）
『天に誓って「南京大虐殺」はあったのか』（同右）
『「首相公邸の幽霊」の正体』（同右）
『フビライ・ハーンの霊言』（同右）
『南京大虐殺と従軍慰安婦は本当か』（同右）
『国之常立神・立国の精神を語る』（同右）
『大川真輝の「幸福の科学 大学シリーズ」の学び方』（同右）
『公開霊言 東條英機、「大東亜戦争の真実」を語る』（幸福実現党刊）
『原爆投下は人類への罪か？』（同右）

広島大水害《ひろしまだいすいがい》と御嶽山噴火《おんたけさんふんか》に天意《てんい》はあるか

2014年10月3日　初版第1刷

著　者　　大《おお》 川《かわ》 隆《りゅう》 法《ほう》

発行所　　幸福の科学出版株式会社

〒107-0052 東京都港区赤坂2丁目10番14号
TEL(03)5573-7700
http://www.irhpress.co.jp/

印刷・製本　株式会社 東京研文社

落丁・乱丁本はおとりかえいたします

ISBN978-4-86395-567-7 C0014
写真：毎日新聞社／アフロ　読売新聞／アフロ　時事

大川隆法 霊言シリーズ・天変地異の謎に迫る

フィリピン巨大台風の霊的真相を探る

天変地異に込められた「海神」からのシグナル

フィリピンを襲った巨大台風「ハイエン」。その霊的真相を探るなかで、次々と明らかになる衝撃の内容！ そして、日本が果たすべき使命とは。

1,400円

アトランティス文明の真相

大導師トス　アガシャー大王　公開霊言

信仰と科学によって、高度な文明を築いたアトランティス大陸は、なぜ地上から消えたのか。その興亡の真相がここに。

1,200円

「ノアの箱舟伝説」は本当か

大洪水の真相

人類の驕りは、再び神々の怒りを招くのか!? 大洪水伝説の真相を探るなかで明らかになった、天変地異や異常気象に隠された天意・神意とは。

1,400円

※表示価格は本体価格（税別）です。

大川隆法 霊言シリーズ・正しい歴史認識のために

原爆投下は人類への罪か？

**公開霊言 トルーマン
＆Ｆ・ルーズベルトの新証言**

なぜ、終戦間際に、アメリカは日本に２度も原爆を落としたのか？「憲法改正」を語る上で避けては通れない難題に「公開霊言」が挑む。【幸福実現党刊】

1,400円

公開霊言 東條英機、「大東亜戦争の真実」を語る

戦争責任、靖国参拝、憲法改正……。他国からの不当な内政干渉にモノ言えぬ日本。正しい歴史認識を求めて、東條英機が先の大戦の真相を語る。【幸福実現党刊】

1,400円

日本よ、国家たれ！
元台湾総統 李登輝守護霊 魂のメッセージ

「歴史の生き証人」李登輝・元台湾総統の守護霊が、「日本統治時代の真実」と「先の大戦の真相」を激白！ その熱きメッセージをすべての日本人に。

1,400円

大川隆法シリーズ・最新刊

幸田露伴かく語りき

スピリチュアル時代の＜努力論＞

努力で破れない運命などない！ 電信技手から転身し、一世を風靡した明治の文豪が語る、どんな環境をもプラスに転じる「成功哲学」とは。

1,400円

宗教学者「X」の変心

「悲劇の誕生」から「善悪の彼岸」まで

かつて、オウム教を擁護し、幸福の科学を批判したX氏。その後、新宗教への評価はどう変わったのか。X氏の守護霊がその本心を語った。

1,400円

「イン・ザ・ヒーローの世界へ」

―俳優・唐沢寿明の守護霊トーク―

実力派人気俳優・唐沢寿明は、売れない時代をどう乗り越え、成功をつかんだのか。下積みや裏方で頑張る人に勇気を与える〝唐沢流〟人生論。

1,400円

幸福の科学出版

幸福の科学グループのご案内

宗教、教育、政治、出版などの活動を通じて、地球的ユートピアの実現を目指しています。

宗教法人 幸福の科学

一九八六年に立宗。一九九一年に宗教法人格を取得。信仰の対象は、地球系霊団の最高大霊、主エル・カンターレ。世界百カ国以上の国々に信者を持ち、全人類救済という尊い使命のもと、信者は、「愛」と「悟り」と「ユートピア建設」の教えの実践、伝道に励んでいます。

（二〇一四年十月現在）

愛

幸福の科学の「愛」とは、与える愛です。これは、仏教の慈悲《じひ》や布施《ふせ》の精神と同じことです。信者は、仏法真理をお伝えすることを通して、多くの方に幸福な人生を送っていただくための活動に励んでいます。

悟り

「悟り」とは、自らが仏の子であることを知るということです。教学《きょうがく》や精神統一によって心を磨き、智慧《ちえ》を得て悩みを解決すると共に、天使・菩薩《ぼさつ》の境地を目指し、より多くの人を救える力を身につけていきます。

ユートピア建設

私たち人間は、地上に理想世界を建設するという尊い使命を持って生まれてきています。社会の悪を押しとどめ、善を推し進めるために、信者はさまざまな活動に積極的に参加しています。

国内外の世界で貧困や災害、心の病で苦しんでいる人々に対しては、現地メンバーや支援団体と連携して、物心両面にわたり、あらゆる手段で手を差し伸べています。

年間約３万人の自殺者を減らすため、全国各地で街頭キャンペーンを展開しています。

公式サイト **www.withyou-hs.net**

ヘレン・ケラーを理想として活動する、ハンディキャップを持つ方とボランティアの会です。視聴覚障害者、肢体不自由な方々に仏法真理を学んでいただくための、さまざまなサポートをしています。

公式サイト **www.helen-hs.net**

教育

学校法人 幸福の科学学園

学校法人 幸福の科学学園は、幸福の科学の教育理念のもとにつくられた教育機関です。人間にとって最も大切な宗教教育の導入を通じて精神性を高めながら、ユートピア建設に貢献する人材輩出を目指しています。

幸福の科学学園

中学校・高等学校（那須本校）
2010年4月開校・栃木県那須郡（男女共学・全寮制）
TEL **0287-75-7777**
公式サイト **happy-science.ac.jp**

関西中学校・高等学校（関西校）
2013年4月開校・滋賀県大津市（男女共学・寮及び通学）
TEL **077-573-7774**
公式サイト **kansai.happy-science.ac.jp**

幸福の科学大学（仮称・設置認可申請中）
2015年開学予定
TEL **03-6277-7248**（幸福の科学 大学準備室）
公式サイト **university.happy-science.jp**

仏法真理塾「サクセスNo.1」 TEL **03-5750-0747**（東京本校）
小・中・高校生が、信仰教育を基礎にしながら、「勉強も『心の修行』」と考えて学んでいます。

不登校児支援スクール「ネバー・マインド」 TEL **03-5750-1741**
心の面からのアプローチを重視して、不登校の子供たちを支援しています。
また、障害児支援の「**ユー・アー・エンゼル!**」運動も行っています。

エンゼルプランV TEL **03-5750-0757**
幼少時からの心の教育を大切にして、信仰をベースにした幼児教育を行っています。

シニア・プラン21 TEL **03-6384-0778**
希望に満ちた生涯現役人生のために、年齢を問わず、多くの方が学んでいます。

NPO 活動支援

学校からのいじめ追放を目指し、さまざまな社会提言をしています。また、各地でのシンポジウムや学校への啓発ポスター掲示等に取り組む一般財団法人「いじめから子供を守ろうネットワーク」を支援しています。

ブログ **blog.mamoro.org**
公式サイト **mamoro.org**
相談窓口 **TEL.03-5719-2170**

政治

幸福実現党

内《ない》憂《ゆう》外《がい》患《かん》の国難に立ち向かうべく、二〇〇九年五月に幸福実現党を立党しました。創立者である大川隆法党総裁の精神的指導のもと、宗教だけでは解決できない問題に取り組み、幸福を具体化するための力になっています。

党員の機関紙
「幸福実現NEWS」

TEL 03-6441-0754
公式サイト hr-party.jp

出版 メディア 事業

幸福の科学出版

大川隆法総裁の仏法真理の書を中心に、ビジネス、自己啓発、小説など、さまざまなジャンルの書籍・雑誌を出版しています。他にも、映画事業、文学・学術発展のための振興事業、テレビ・ラジオ番組の提供など、幸福の科学文化を広げる事業を行っています。

アー・ユー・ハッピー？
are-you-happy.com

ザ・リバティ
the-liberty.com

幸福の科学出版
TEL 03-5573-7700
公式サイト irhpress.co.jp

THE FACT

ザ・ファクト
マスコミが報道しない
「事実」を世界に伝える
ネット・オピニオン番組

Youtubeにて
随時好評配信中！

ザ・ファクト 検索

入会のご案内

あなたも、幸福の科学に集い、ほんとうの幸福を見つけてみませんか？

幸福の科学では、大川隆法総裁が説く仏法真理をもとに、
「どうすれば幸福になれるのか、また、
他の人を幸福にできるのか」を学び、実践しています。

入会

大川隆法総裁の教えを信じ、学ぼうとする方なら、どなたでも入会できます。入会された方には、『入会版「正心法語」』が授与されます。（入会の奉納は1,000円目安です）

ネットでも**入会**できます。詳しくは、下記URLへ。
happy-science.jp/joinus

三帰《さんき》誓願《せいがん》

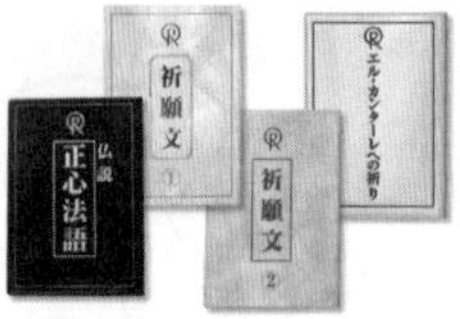

仏弟子としてさらに信仰を深めたい方は、仏・法・僧の三宝への帰依を誓う「三帰誓願式」を受けることができます。三帰誓願者には、『仏説・正心法語』『祈願文①』『祈願文②』『エル・カンターレへの祈り』が授与されます。

植福《しょくふく》の会

植福は、ユートピア建設のために、自分の富を差し出す尊い布施の行為です。布施の機会として、毎月1口1,000円からお申込みいただける、「植福の会」がございます。

「植福の会」に参加された方のうちご希望の方には、幸福の科学の小冊子（毎月1回）をお送りいたします。詳しくは、下記の電話番号までお問い合わせください。

月刊「幸福の科学」

ザ・伝道

ヤング・ブッダ

ヘルメス・エンゼルズ

INFORMATION	**幸福の科学サービスセンター** TEL. **03-5793-1727**（受付時間 火〜金：10〜20時／土・日：10〜18時） 宗教法人 幸福の科学 公式サイト **happy-science.jp**